ひとりのメールが職場を変える

こころのマネジメント

田坂広志

Hiroshi Tasaka

英治出版

ひとりのメールが職場を変える——こころのマネジメント

ひとつのメールで、職場に「心」が甦る ―― 新版まえがき

いま、働いている職場。
その職場では、誰もが一生懸命に働いているけれども、
その職場の空気に、何か温かさが欠けているように感じる。
毎日顔を合わせ、一緒に仕事をしている職場の仲間。
その仲間の心が、なぜか、離れ離れになっているようで、寂しい。
自分がマネジャーになって責任を負っている職場。
メンバーには、色々な話をするけれども、なぜか、心が通い合わない。
そうした思いを抱いている方に、この本を読んで頂きたい。
そして、その方に申し上げたい。

ひとりのメールが職場を変える。

そのことを申し上げたい。

最初は、この言葉を信じられないかもしれません。
しかし、職場に、ただひとつの方法を導入するだけで、職場の空気が変わり始めます。
職場の空気が変わり、仲間同士の心が通い始めます。

ウィークリー・メッセージ。

その方法を導入するだけで、最初の一日で、職場の雰囲気が変わります。
そして、この方法を三週間続けるならば、職場の空気が変わり始めます。
そして、この方法を三カ月続けるならば、職場の文化が変わり始めます。

それは、決して、単なる理論ではありません。
私自身が、一人のマネジャーとして実践してきた体験から、そう申し上げられます。

この本は、そうした体験をもとに、一九九九年に、上梓しました。
当時、この本を読まれた様々な方々が、この方法を職場に導入し、
職場のメンバー同士の新たなコミュニケーションのスタイルとして活用されました。
それは、百人近い職場から、たった三人の職場まで、様々な職場で導入されたのです。

しかし、それから一〇年の歳月を経て、この本で述べた方法が、
新たな意味を持って甦ってくる時代を迎えました。

なぜなら、一〇年前には存在しなかった、新たなコミュニケーションのスタイルが、
社会に広がったからです。

「ブログ」や「ツイッター」。

そうした、個人としてのメッセージを交換するスタイルと文化が、社会に広がった。
それは、実は、企業や組織の内部のコミュニケーション・スタイルをも
大きく変える時代が始まったことを意味しているのです。

それゆえ、このウィークリー・メッセージという方法は、
これからの時代に、ますます有効な方法となっていくでしょう。

それが、この本を、新たに再刊して世に送る理由です。

この本を読まれた読者の中から、一人でも多くの方が、
このウィークリー・メッセージという方法を使って、
職場の空気や文化を変えることに取り組まれることを願っています。

我々は、たった一人からでも、
職場を変えていくことができる。

そのメッセージを、いま、職場に「心」が甦ることを願う、すべての人々に贈ります。

二〇一〇年一月
田坂広志

ひとりのメールが職場を変える◈目次

ひとつのメールで、職場に「心」が甦る —— 新版まえがき 2

プロローグ
月曜日の朝に吹く風 —— 11
ウィークリー・メッセージという風／メッセージ交換の「三つのルール」
ひとりのメールが職場を変える

第1章
仲間を理解する新しいスタイル —— 19
ウィークリー・メッセージによる相互理解／メンバーどうしのケミストリー
人柄や個性を知る方法／円滑な協働作業のために
「仲良くなること」と「理解しあうこと」の違い／職場での親睦の難しさ

新しいコミュニケーション・スタイル／企業情報化の雷鳴と福音
汲み尽くせぬもの／自然に生まれる共感／共感の一行メール

第2章 自然に対話が生まれるとき——43

ウィークリー・メッセージによる対話／「返歌」のメッセージ
日本的な「深層対話」／「直接対話」の限界／「ノミニケーション」の誤解
コミュニケーションに関する幻想／「本音」で語ること／日本の企業文化に適したスタイル
電子メールによるメッセージ交換の効用／原点への回帰

第3章 しなやかに格闘する個性——63

ウィークリー・メッセージと個性／個人主義と個性についての誤解
悪口雑言の後の乾杯／やまあらしのジレンマ／個性がしなやかに格闘する場
職場ネットコミュニティの意義／「生きたシステム」としてのウィークリー・メッセージ

第4章 知識を学びあうために―――79
ウィークリー・メッセージと知識／メール反省会
「ナレッジ・ベース」としての反省メール／言葉で語ること／言葉にならない智恵
自己を語ること／エゴ・マネジメント／職場のメンバーの「こころの問題」

第5章 智恵はひそやかに伝わる―――97
ウィークリー・メッセージと智恵／体験を語ること／体験の方法
体験談の共有／こころの姿勢と体験／自省的なメッセージ
自省的な職場文化／読むときの「こころの姿勢」／成長の場が生まれるとき

第6章 書くことによるこころの成長―――115
ウィークリー・メッセージとこころの成長／こころの成長のプロセス
日記とウィークリー・メッセージの違い／毎日顔をあわせる「読者」

「聞き届け」のマネジメント／「かたち」による介入／こころのエネルギー
「こころの苦しみ」と「精神の深み」／マネジャーの祈り

第7章 こころの生態系をみつめて―――133
ウィークリー・メッセージとこころの生態系／メッセージから感じる直観
MBWAからMBICへ／MBWAの限界／MBICの可能性
こころの生態系の成長／文化的混乱とバランスの回復／「耳障り」なメッセージの意味
高度な複雑系としての「こころの生態系」／新しい文化の誕生
病むときは全体が病む／我がこころは石にあらず／西洋医学的発想の限界
東洋医学的発想の大切さ／操作主義の誤り／「こころの生態系」を映し出す鏡

第8章 マネジメントを映し出す鏡―――163
多くの職場に広がるウィークリー・メッセージ
初めてのウィークリー・メッセージに映し出されるもの／開かない「こころ」の扉

みずから扉を開けるために／管理主義と操作主義の問題
忍びこむ操作主義的なマネジメント／心理学版「北風と太陽と旅人」
太陽的アプローチにひそむ操作主義／「意図」を超えて／かけがえのない歴史

エピローグ
ロビンソン・クルーソーの一冊――183
情報化時代の新しいマネジメント・スタイル／「こころ」のマネジメント
「こころの生態系」のマネジメント／創発型マネジメント
「創発戦略」の思想／深き縁を得た人々／ロビンソン・クルーソーの一冊

私の職場のウィークリー・メッセージ　202

謝辞　218

プロローグ

月曜日の朝に吹く風

ウィークリー・メッセージという風

月曜日の朝、私のオフィスには、さわやかな風が吹きます。

といっても、オフィスの窓をあけると風が入ってくるという意味ではありません。

それは、パソコンの「窓」をあけると入ってくる風なのです。

その風は、「ウィークリー・メッセージ」という風です。

出社してパソコンのスイッチを入れ、メールソフトを立ち上げます。すると、軽やかな着信音とともに、メンバーからのメッセージが次々と届きます。私の職場の数十人のメンバーからの毎週一度のメッセージです。

メッセージが届くと、時間の許すかぎり、そのメッセージを丹念に読みます。なぜならば、それが、月曜日の朝の、私の大切な仕事だからです。

こうお話しすると、さっそく、読者からこんな声があがりそうです。

「オフィスに着いて最初に電子メールを読む習慣など、いまどきのビジネスパーソンならば、当然だろう」

たしかにそうなのですが、しかし、私のオフィスで飛び交うメッセージは、他の職場で飛び交うメッセージとは、少し違います。なぜならば、それらのメッセージは、メンバーからの「業務の連絡」でもなければ、「仕事の相談」でもないからです。また、メンバーどうしの「意見の交換」のメッセージでもありません。

少し驚かれるかもしれませんが、それは、実は、メンバーの「エッセイ」なのです。

メンバー全員が、つれづれなるままに思いを書きつづったエッセイ（随筆）を毎週一通作成し、それを月曜日の朝、他のメンバー全員に電子メールに乗せて発信する。それが、私の職場で長年続けている「ウィークリー・メッセージ」という習慣です。

たとえば、メンバーのAさんは、先週末に家族で行った富士山のドライブの楽しい思い出についてメッセージを送ってきます。また、Bさんのメッセージは、自分の好きなジャズとミュージシャンのことを熱い思いを込めて語っています。熱狂的なプロ野球ファンのCさんは万年最下位のチームの今年の活躍を自慢気に語ります。いつもまじめなDさんは、最近の環境問題についての憂慮を切々と述べています。Eさんは、さすがにシンクタンクの研究員らしい。現在の日本の政治への批判を大上段に論じています。しかし、こうして多くのメンバーが、業務を離れ、自由なテーマで語っているなかで、Fさんはといえば、先週終了したプロジェクトについての反省点を真摯《しんし》に述べています。いつもながら、頭が下がるまじめさです。

私の職場では、こうしたウィークリー・メッセージという習慣を長く続けています。職場に電子メールが導入されて以来、この電子メールを用いてメッセージの交換を行っていますが、それ以前は、紙ベースでメッセージの交換を行ってきました。したがって、振り返れば、すでに九年以上、このウィークリー・メッセージという習慣を続けていることになります。

このウィークリー・メッセージは、実行することは非常に簡単です。それが、私たちの職場で、これほど長続きしている理由でもあるのでしょう。もし、読者のなかで、このウィークリー・メッセージに興味を持たれる方がいらっしゃれば、ぜひ、実行することをお勧めします。

確実に、あなたの職場の「何か」が変わります。

メッセージ交換の「三つのルール」

ウィークリー・メッセージを実行するためには、まず、職場の電子メールを利用して、メンバー全員が参加するウィークリー・メッセージ専用のメーリング・リストをつくります。そして、毎週一回、そのメーリング・リストを使ってメンバー全員が「エッセイ」の交換を行うのです。

ただ、それだけです。

もちろん、あとで述べるように、電子メールが使えない職場では、紙ベースで、このメッセージ交換を行うことも可能です。ですから、「私の職場では電子メールが使えないから、だめだ……」とあきらめず、紙ベースでもよいからやってみることをお勧めします。

しかし、理解しておいていただきたいことがあります。

このウィークリー・メッセージには「三つのルール」があるのです。

第一は、プライベートなことでも自由に書いてよいということです。

職場でのメッセージ交換だからといって、仕事や職場のことしか書いてはいけないというわけではありません。むしろ、できれば仕事や職場以外のことを積極的に書いたほうがよいのです。そして、実際、私たちの職場では、多くのメンバーが、趣味のことや、家族のことなど、仕事と職場以外のことを書いています。

第二は、他のメンバーに対する誹謗、中傷、冷笑はしないということです。

当たり前のことであると思われるかもしれませんが、これはきわめて大切なことです。なぜならば、ウィークリー・メッセージとは、職場において毎日顔をあわせるメンバーが集まってつくる、一種の「ネットコミュニティ」だからです。そして、こうしたコミュニティにおいて、メンバーどうしが誹謗、中傷、冷笑をするようになると、確実に、そのコミュニティの生命力が失われてしまうからです。それは、インターネットのフォーラムなどでのトラブルの事例を見れば、よくわかります。

第三は、交換したメッセージを、決して職場以外のメンバーに伝えないということです。

電子メールでいえば、ウィークリー・メッセージを職場外のメンバーに転送しないということです。また、紙ベースならば、そのコピーを職場外のメンバーには読ませないということです。なぜならば、メッセージを発信するメンバーの気持ちのなかに「このメッセージは、同じ職場のメンバー以外の誰かに読まれるかもしれない」という懸念が生まれると、当然のことながら、率直に自分の気持ちを述べたメッセージを発信することができなくなるからです。

ひとりのメールが職場を変える

さて、このように、ウィークリー・メッセージとは、それを実行するのはきわめて簡単なものなのですが、それが職場に与える影響には非常に大きなものがあります。

私の九年間の経験では、このウィークリー・メッセージという習慣を持つだけで、職場の「何か」が、徐々に、しかし確実に変わります。職場の雰囲気、空気、そして文化とでも呼ぶべきものが自然に変わっていくのです。

しかし、それは、ひとりのマネジャーがウィークリー・メッセージによって職場の雰囲気、空気、文化を変えることができるという意味ではありません。そうではなく、メンバー一人ひとりの発信するメールが、そして、そのメールによって運ばれるメッセージが、自然に職場を変えていくのです。

だから、この本のタイトルを、こう名づけました。

ひとりのメールが職場を変える。

私たちが九年間のささやかな経験をつうじて感じたことは、この言葉が決して大げさな表現ではないということです。

この本は、そうした経験を得たひとりの職場のメンバーからの現場報告です。
お読みいただければ幸いです。

第1章

仲間を理解する新しいスタイル

ウィークリー・メッセージによる相互理解

いま、職場の仲間を理解する新しいスタイルが生まれてきているのではないだろうか。ウィークリー・メッセージを続けていると、いつも、そんなことを感じます。

なぜならば、定期的にこうしたメッセージを交換していると、自然に職場のメンバーどうしが互いを深く理解するようになってくるからです。もちろん、その理解の深さは、メンバー一人ひとりの「自分を表現するスタイル」や「他人を理解するスタイル」によって異なってくるのですが、それでも、このウィークリー・メッセージによるメンバーどうしの相互理解は、多かれ少なかれ、職場のすべてのメンバーにとって意義のあることのようです。

たとえば、多くのメンバーが、このウィークリー・メッセージの恩恵を感じるのは、職場に新たなメンバーが着任したときです。

毎年、春になると、どこの職場でも新人が配属になります。

「新しく入社しました○○です！　皆さんにはいろいろとご迷惑をおかけすると思います

が、よろしくお願いします！」

最近でも、新人の挨拶は、こんな紋切り型の挨拶です。「新人類の時代」だの、「個性の時代」だのいわれながらも、こうしたスタイルはあまり変わらないようです。最初から強く個性を押し出さないほうが得策、といった智恵が働くのでしょうか。たしかに、若い世代の意識は変わってきても、まだまだ古い世代の意識と企業の古い文化は変わっていないのですから、そうした智恵も、ある意味では正しいのかもしれません。

とはいえ、こうした紋切り型の挨拶を聞きながら、「彼は、本当は、どんなキャラクターの人なんだろうか？」と考えるのは、どこの職場のメンバーにとっても楽しみなことでしょう。だから、ほとんどの職場では、まもなく「新人歓迎会」などが開かれ、酒を飲み、カラオケを楽しみながら、新人と先輩が互いの人柄を知りあうための時間を過ごすことになるのです。そして、そうした席では、紋切り型の挨拶ではわからなかった、新人の隠れた人柄を知るという楽しみがあるわけです。

もちろん、私たちの職場でも、こうした新人歓迎会はあります。したがって、そうした楽しみもあるのですが、新人の隠れた人柄を知るという意味では、少し違った楽しみもあります。

それは、新人が発信するウィークリー・メッセージを読む、という楽しみです。

メンバーどうしのケミストリー

今年の春も、月曜日の朝、新人のGさんからメールが届きました。彼女の初めてのウィークリー・メッセージです。いつもながら、すこし楽しみな気持ちでメールを開きました。

すると、メッセージには、型どおりの自己紹介ではなく、なんと、彼女の子供時代のお祖父さんの思い出が書かれていました。これが、面白い。そして、最後にちょっぴり悲しい。

ついつい、ひきこまれて読んでしまいました。

そして、そのメールを読み終わると、すこし彼女に対する印象が変わりました。

Gさんを最初に見たとき、少しクールでとっつきにくいタイプだと思ったのです。ところが、彼女は外見のスマートさとは対照的に、思ったよりも人情味がある人のようなのです。だから安心しました。この温かい人柄ならば、すぐに職場の他のメンバーとも打ち解けて、うまく仕事をしてくれると思ったからです。

このように、新人のウィークリー・メッセージを読むということは、マネジャーにとって、とても重要です。なぜなら、酒の席だけでは知ることのできないメンバーの人柄を知ることができるからです。酒の席で見せる姿だけが、その人の本当の人柄ではありません。「文は人なり」とよくいいますが、こうしたウィークリー・メッセージの文章に表れる人柄もまた、その人の一つの姿であり、そうした側面を知ることも意味があるのです。

なぜならば、マネジャーにとっては、「ケミストリー」を考えることが大切な仕事だからです。日本語でいえば「相性」ということでしょうか？

新人に、職場のどのグループに加わってもらうか。どのプロジェクトに参加してもらうか。そうしたことを考えるときに、私たちマネジャーは、無意識に、この「ケミストリー」を考えています。「彼女は、あのグループの雰囲気にはなじまないかな……」「彼は、あのプロジェクト・リーダーとの相性はよさそうだ……」などと考えているのです。

そして、こうしたとき、その新人やメンバーの人柄についてよく知っているということは、きわめて重要なことなのです。

そうした意味で、私たちの職場におけるウィークリー・メッセージは、とても大切な役割を果たしてくれているようです。

人柄や個性を知る方法

しかし、ウィークリー・メッセージのこうした「効用」は、マネジャーやメンバーが新人の人柄を知ることができるということだけではありません。当然のことながら「逆も真なり」です。

だから、私の職場では、新人に対して、毎週のウィークリー・メッセージを丹念に読むことを勧めます。

すると、新人の皆さんは、実に熱心に、それらのウィークリー・メッセージを読みます。当然でしょう。無味乾燥な業務マニュアルを読めといわれるよりも、よほど面白いですから。

たとえば、「なるほど、Hさんは、見た目は怖いけれども、気さくな人柄なんだ」「Iさんは、昔、スポーツに打ち込んでいたのか」「Jさんは、家族思いの人のようだ」「Kさんは、環境問題がライフワークなのか」「Lさんは、厳しいプロフェッショナリズムの持ち主だ」など、さまざまなことがわかります。

したがって、もし新人が三ヵ月ほどもウィークリー・メッセージをしっかりと読むならば、職場のメンバー一人ひとりについて、ある程度、その人柄や個性を理解することができます。いや、それだけでなく、過去の経歴や特別な経験、家族の構成や趣味の世界を知ることもでき、ときには、一人ひとりのメンバーが抱く理想や思想、さらには職業観や人生観などを感じることもできるのです。

そして、いうまでもなく、同じ職場のメンバーの人柄や個性を理解することは、新人にとって、これから仕事をしていくうえできわめて大切なことです。

円滑な協働作業のために

なぜならば、企業の職場における仕事というものは、その大半が「協働作業」だからです。他のメンバーと力をあわせて作業をしていくことだからです。そして、この協働作業を円滑に進めていくためには、何よりも、メンバーが互いをよく知っていなければなりません。逆にいえば、互いをよく知っていないと、仕事が円滑に進まないのです。

私のささやかな経験では、だいたい協働作業がうまくいかないときというのは、ほとんどの場合、互いに相手をよく分かっていないということが原因のようです。

たとえば、Mさんがはじめて Nさんと一緒に仕事をしたとします。そのとき、ちょっとしたトラブルがあって、MさんはNさんに対して「あの人は仕事が大雑把だ」といった批判的な気持ちを抱くときがあります。しかし、しばらく一緒に仕事をしてNさんの人柄をよく知ってみれば、たしかに少し大雑把なところもありますが、Nさんは底抜けにお人よしであると感じることがあります。そして、こうしてよくよくNさんの人柄を知ってみれば、それまで欠点と思えたものも、むしろ「包容力の大きさ」に見えてくることさえあります。そんな経験がないでしょうか?

また、たとえば、OさんがはじめてPさんと一緒のプロジェクトに参加したとき、これもちょっとしたことで、Pさんに対して「あの人は神経質な人だ」と嫌悪感を抱くときがあります。しかし、それからしばらく一緒にプロジェクトに取り組んでPさんの人柄をよく理解してみれば、たしかに多少神経質なところもありますが、むしろきわめて几帳面な性格で、プロジェクトにおいてはもっとも信頼できるメンバーであることがわかったりします。そして、こうして深くPさんの性格を知ってみれば、欠点と見えた「神経質さ」も、むしろ「細やかさ」に見えてくることがあるのです。こうした経験は、誰しも持っているのではないでしょうか?

このように、職場において協働作業がうまくいかないときというのは、ほとんどの場合、互いに相手をよくわかっていないということが原因のようです。

「仲良くなること」と「理解しあうこと」の違い

したがって、職場において仕事を円滑に進めていくためには、何よりも、メンバーどうしが互いを深く理解しあわなければなりません。そして、職場においてそうした相互理解が進むように、マネジャーは努力をしなければなりません。

しかし、このように述べると、読者のなかから、「そんなことは、当たり前だろう」という声があがってきそうです。「だからこそ、こうしてアフターファイブや週末をつぶしてでも、職場のメンバーどうしが親睦を深められるように努力しているんじゃないか」との声です。

たしかに、職場のメンバーが互いに理解しあうことを大切にするのは、マネジャーにとって常識に類することでしょう。そして、それが常識であるからこそ、これまで多くのマネジャーは、さまざまな努力を涙ぐましいまでに行ってきたわけです。

たとえば、多くのマネジャーは、しばしば職場のメンバーが集まる親睦会やパーティを開き、多忙な時間を割いて部下を赤提灯やカラオケに連れていき、ときには休日をつぶしてゴルフ大会や社員旅行を行ってきたのです。そうして、さまざまな機会を設けてメンバー同士の相互理解を深めようと努力してきたのです。

しかし、ここで少し冷静になって考えてみる必要があります。

こうした涙ぐましいほどの努力によって、いったいどれほど、メンバーどうしが互いに「理解しあう」ことができるようになっているのでしょうか？

たしかに、こうした親睦の努力によってメンバーどうしが互いに「仲良くなる」ということはあります。しかし、正確にいえば、それは「理解しあう」ということとは少し違うことではないでしょうか。

たとえば、もしあなたが、いま職場でこの本を読んでいるのならば、まわりを見わたしてみてください。

そこには、いつも一緒に仕事をしている多くのメンバーがいるでしょう。そして、それらの多くのメンバーとは、いつも仲良く仕事をしているのでしょう。しかし、では、それらのメンバーのことを、私たちは、いったい、どれほど理解しているのでしょうか？

そう考えると、少し寂しい気持ちになります。私たちは、自分が思っているほどには、職場のメンバーのことを理解していないようです。たとえば、そのメンバーの人柄や個性、経歴や経験、家族や趣味などについては、ある程度知っているかもしれません。しかし、そのメンバーの抱いている理想や思想、職業観や人生観などについては、ほとんど知らないのではないでしょうか。

職場での親睦の難しさ

それでも、親睦会やパーティ、赤提灯やカラオケ、ゴルフ大会や社員旅行などによってメンバーどうしが仲良くなることができる職場は、まだよいでしょう。親睦を深めることから、理解を深めることが始まるときもあるからです。しかし、現代の職場においては、こうした親睦を深めることさえも、なかなか難しくなっているのです。

それは、なぜでしょうか?

理由は、いくつかあります。

第一に、現代の職場はますます多忙になってきているからです。

いま、市場競争が激化するなかで、多くの職場において、業務の効率化と合理化が進んでいます。その結果、これまで二人で行っていた業務を一人で行うなどの合理化は当たり前になっています。マネジャーとメンバーにとっては、ますます仕事が増え、残業も増えてきているのです。したがって、こうした状況では、これまでのように、「仕事の帰りに一杯」や「休日にゴルフを」という余裕も無くなってきているのが実情です。そのため、現代の職場においては、メンバーどうしの親睦を深めることさえ、十分な時間がとれなくなっているのです。

第二に、多くの企業で人材の流動性が高まっているからです。

これまでの企業においては、一〇年間同じ職場に勤めるメンバーというのは決して珍しくありませんでした。しかし、最近では、多くの企業が「リストラクチャリング」や「リエンジニアリング」という掛け声のもとに、組織の改変を頻繁に行うようになっています。また、転職する人も多くなり、中途採用も普通のことになりました。そのため、同じ職場に長く一緒にいるメンバーというものが珍しくなってきているのです。したがって、せっかく飲み会や赤提灯などによって時間をかけてメンバーどうしの親睦を深めても、すぐに、それらのメンバーが他の職場へと移ってしまうのです。

第三に、職場の文化そのものが変わってきているからです。

そもそも、最近の新しい世代には「個人の尊重」という考え方が浸透しており、多くのメンバーは、業務時間以外のプライベートな時間を用いて職場の仲間との交流を深めることをかならずしも歓迎しません。また、自発的に参加するのではなく、職場の慣例によってなかば強制的に参加させられる交流の場を好まないのです。したがって、こうした新しい世代が生み出す職場の文化には、飲み会やカラオケなどによって職場のメンバーどうしが親睦を深めるという方法が、かならずしもなじまないのです。

新しいコミュニケーション・スタイル

では、どうすればよいのでしょうか？

どうすれば、こうした時代においても、職場のメンバーが互いに親睦を深め、互いに理解を深めていくことができるのでしょうか？

しかし、まずそのためには、いま述べた三つの問題を解決する新しい方法を生み出さなければなりません。すなわち、まず第一に、多忙な業務に追われるなかでも実行できる方法であること。第二に、比較的短期間でメンバーどうしが互いの理解を深めることのできる方法であること。第三に、新しい世代の意識や文化にも適した、メンバーの自主性を重んじた方法であること。その三つです。

そして、実は、ウィークリー・メッセージという方法の特長は、こうした三つの問題を解決できることにあるのです。

まず、この方法は、メンバーが、わずか三〇分の時間を使うだけで、かなり深く、密度の濃いメッセージを他のメンバーに発信することができます。したがって、きわめて多忙なマネジャーやメンバーであっても、他のメンバーとのコミュニケーションを行うことができるのです。

また、ウィークリー・メッセージという方法は、その職場でのメッセージの交換を数ヵ月行うだけで、メンバーどうしが互いに理解を深めることができます。したがって、その職場に新たに着任した新人や転属者でも数ヵ月でその職場のメンバーの人柄などを知ることができるのです。

さらに、この方法は、メンバーの自主性を重んじたコミュニケーションの方法です。そこには、プライベートなメッセージを書かなければならないという「義務」や「強制」はありません。何も書きたくなければ、ただ「先週はプロジェクトで忙しかった」といったメッセージを発信するだけでもよいのです。このウィークリー・メッセージは、あくまでも自発的なメッセージ交換だからです。

そして、私の職場では、このウィークリー・メッセージを業務時間中に書くことを認めています。たしかに、それは自発的でプライベートなメッセージ交換なのですが、そのメッセージ交換によってメンバーどうしの理解が深まることは、結果として、職場における仕事を円滑に進めることに役立つからです。したがって、マネジャーとしては、そうしたメッセージ交換のための時間を業務時間から割くことはかまわないと考えています。

このように、ウィークリー・メッセージという方法は、これまでの職場における飲み会や赤提灯などの「ノミニケーション」と呼ばれる方法とは違った、まったく新しいコミュニケーションの方法であるといえます。

しかし、そのことは、このウィークリー・メッセージという方法が、これまでのノミニケーションなどの方法と「置き換わる」ということを意味しているわけではありません。これからも、メンバーどうしが飲み会や赤提灯などの場で互いの理解を深めていくことは大切でしょう。そうしたノミニケーションには、それなりの優れた側面があるからです。そして、ウィークリー・メッセージという新しいコミュニケーションの方法には、非常に大きな可能性とともに、当然のことながら、本質的な限界も存在しているからです。

ただ、ここで私が強調したいのは、いま、私たちは、その可能性を広く探るべき段階にあるということです。

いま、電子メールなどの企業情報システムの発達にともなって生まれつつある新しいコミュニケーションの方法が、現代の職場において、これから、どのような新しいコミュニケーションのスタイルを生み出していくのかを、現場のマネジャーは、積極的に探っていくべき段階にあると思います。

企業情報化の雷鳴と福音

なぜならば、現代の職場のマネジャーは、ある意味で、慢性的な「コミュニケーション不足」に悩まされているからです。

職場は、ますます多忙をきわめています。マネジャーの責任も、ますます重くなっています。メンバーは、時間と業務に追われ続けています。そうした職場において、ともすれば、マネジャーはメンバーとの対話の時間を持つことができなくなり、メンバーどうしも互いに理解しあうための時間を持つことができなくなってきています。

それは、ある意味で、「企業情報化の嵐」がもたらした職場の合理化と効率化の結果でもあります。しかし、不思議なことに、こうした企業情報化は、同時に、メンバーどうしの新しいコミュニケーションの方法をも生み出したのです。企業情報化のおかげで、私たちは、電子メール、ネット掲示板、ネット会議室、ネットコミュニティ、さらに個人ホームページなど、これまでになかった新しいコミュニケーションの方法を使うことができるようになりました。そして、それは、ある意味で「企業情報化の福音」でもあるようなのです。

たとえば、私の勤める企業においては、企業情報化を生かして、面白い活動が生まれています。

「同期入社社員ネットコミュニティ」です。

これは、毎年入社してくる新入社員が電子メールのメーリング・リストを利用してつくるネットコミュニティです。このネットコミュニティでは、同期入社の社員がメールで自由に意見交換を行っています。特に面白いのは、毎月開催される「役員・部長会議」で経営トップが語る経営方針をテーマに、このネットコミュニティにおいて入社数年目の若手社員たちが真剣に討議をしていることです。

たしかに、これらの同期入社社員は年齢こそ若いものの、その配属される部署は人事、資材、財務、情報、企画、開発、生産、営業などのすべての部門にわたっており、彼らが集まるネットコミュニティは、いわば「ミニ経営会議」とでも呼ぶべき場となっています。

そして、こうした全社的コミュニティにおいて情報共有と意見交換が行われることは、長い目で見るならば、彼らにとってだけでなく、企業全体にとっても、きわめて大きな意味を持ってくると思われます。

しかし、企業情報化がやってくる前の職場においては、メールやイントラネットなどの情報システムが利用できなかったため、こうした全社的コミュニティを生み出し、それを継続的に運営し、多くの社員が意見を交換することなど、まったく不可能でした。

たとえば、私自身の新入社員時代を思い浮かべても、入社してからの数ヵ月間は「新入社員研修」で同期入社の仲間と起居をともにし、さまざまなことを深く話しあったのですが、ひとたび研修を終えると、新入社員はただちに全国の工場や支店に配属になり、その後、全員が顔をあわせるのは、一年目研修や三年目研修、そして管理職研修といった機会だけになってしまいました。これは、同期入社の社員が、数ヵ月間の研修期間を通じて互いに理解しあい、強い人間的な結びつきを築いていただけに、残念なことでした。

しかし、いま企業に導入されている電子メールなどの新しい情報システムは、こうした古い時代の制約から私たちを解放してくれようとしています。私たちは、その意志さえあれば、この新しいコミュニケーションの方法を用いることによって、企業内のメンバーどうしが、職場や組織の壁を乗り越え、互いに深く理解し、強く結びつくことのできる時代を迎えているのです。

そして、そのことを正しく理解するならば、いま、私たちの耳に聞こえてきているのは、「企業情報化の雷鳴」だけでなく、「企業情報化の福音」でもあることに気がつくのです。

汲み尽くせぬもの

さて、企業情報化にともなって、いま生まれつつある新しいコミュニケーションの方法のなかでも、特に、ウィークリー・メッセージという方法は、ユニークな方法です。それは、少し時間はかかりますが、職場のメンバーの人柄や個性をはじめ、経歴や経験、家族や趣味、理想や思想、職業観や人生観など、さまざまなことを徐々に理解していくことができる優れた方法です。そして、この方法は、それを実行するために、手間と時間とコストがかからず、また、メンバーの自主性を損ねることなく、自然に互いの理解が深まっていく方法でもあります。

しかし、このウィークリー・メッセージという方法は、職場に新たなメンバーを迎えたときにだけ意義のあるものではありません。それは、同じ職場で長く働いてきたメンバーにとっても、さらに深い意義のあるものなのです。

なぜならば、人間というものは「汲み尽くせない」ものだからです。

どれほど長く職場をともにし、どれほど多くの言葉を交わし、どれほど深く理解しあっていると思っても、まだ理解し得ていないさらに深い世界があるのです。そして、だからこそ、人間どうしのつきあいには深い味わいがあるのです。

たとえば、いま、職場でこの本を読んでいる読者がいれば、もう一度、うかがいたいのです。

いま、あなたの隣の机で仕事をしている同僚について、あなたは、どれほどのことを知っているでしょうか？

もちろん、もしかしたら、彼とは一〇年以上も一緒に仕事をしてきた仲かもしれません。そうであれば、あなたは、彼の人柄や個性、経歴や経験、家族や趣味については、かなりのことを知っているでしょう。

しかし、たとえば、彼がこころの深くに抱く将来の夢や希望、また、こころの奥にある苦しみや悲しみ、そうしたものについて、あなたは、どれほどのことを知っているでしょうか？

おそらく、私たちは、職場の仲間のこころの奥にあるそうした世界については、あまり多くを知らないでしょう。そして、むしろ、ある人は、仕事の関係において、そうしたことは「知らなくてもよい」と考え、また、ある人は、そうしたことは「知らないほうがよい」と考えているのかもしれません。

たしかに、ある意味ではそうなのです。そして、たとえ、そうした世界を互いに知りあうべきだと考え、また、知りたいと願っても、互いのこころの奥にある世界を、本当に深く理解することは、おそらく不可能なことなのでしょう。

しかし、だからこそ、互いに理解しようと努めることに深い意味があるのではないでしょうか。互いに理解しあえぬ世界があることを知ったうえで、それでも互いに理解しようと努めることに、深い意味があるように思えてならないのです。それは、「しょせん、仕事の関係だ」「理解しあえなくて、当然」と割り切ってつきあうのとでは、何かが違うのです。また、互いに理解しあえぬ世界があることの深みを知ることなく、「話しあえば、理解しあえる」と素朴に考えてつきあうのとでは、何かが違うのです。

「何かが違う」と思えてならないのです。

そして、その「何かが違う」ということを理解しないかぎり、私たちは、企業の職場における深みあるコミュニケーション・スタイルというものを、決して身につけていくことはできないのではないでしょうか。

自然に生まれる共感

だから、ウィークリー・メッセージという方法は、新たに職場に加わったメンバーにとってだけでなく、長く職場をともにしてきたメンバーにとっても、いや、そうしたメンバーにとってこそ、大切な意味を持っていると思います。

そして、不思議なことに、このウィークリー・メッセージによってメンバーが互いに理解を深めていくと、すべてを深く理解することはできないとしても、なぜか、自然に「共感」というものが生まれてくるのです。

たとえば、あるメンバーが発したこころ温まるウィークリー・メッセージに対して、他のメンバーから「一対一」の返信メールで共感のメッセージが返されることは、しばしばあります。

たとえば、Qさんは、ときおりウィークリー・メッセージに自作の「詩」を載せますが、これに対して、「いい詩をありがとう」という返信メールが届いたりするようです。また、悩みを語るメンバーのメッセージに対して、励ましのメールが届いたりすることもあるようです。こうしたメンバーどうしの一対一での共感メッセージの交換は、ウィークリー・メッセージとしての記録には残らないものですが、やはり、ウィークリー・メッセージが生み出したものにほかなりません。

また、やはり不思議なことに、あるメンバーからこころ温まるウィークリー・メッセージや、しみじみとしたウィークリー・メッセージが届いた翌週には、なぜか、他のメンバーからも、そうした深みあるメッセージが届くことが多いようです。それもまた、ウィークリー・メッセージが生み出した共感によるものでしょう。

そして、こうしたウィークリー・メッセージが生み出すメンバーどうしの共感は、日常の業務における メッセージ交換においても、表れてきます。

たとえば、職場内での業務上のメッセージ交換でしばしば目にするのは、「共感一行メール」です。

共感の一行メール

しばらく前に、私が、あるプロジェクトのトラブルから責任者として走りまわった一週間がありました。毎日、トラブル処理と顧客対応に追われ、なんとか問題を解決したのが金曜日の夜でした。心身ともに疲れ果ててオフィスに戻りましたが、さすがに午前零時をまわったオフィスにはメンバーは誰もいません。席に座って帰り支度を始めたとき、一通の電子メールが届いていることに気がつきました。

開いてみると、たった一行、次のメッセージです。

「部長、お疲れさまです……」

なぜか、このメッセージを読んで、こころが癒されたのを覚えています。もとより、たった一行の短いメッセージです。しかし、その一行メールに込められた思いが伝わってくるのです。やはり、長年一緒に仕事をしてきた仲間であり、数多くのメッセージを交換してきたメンバーです。互いを深く理解しているメンバーからの、その一行のメッセージからは、温かい思いが伝わってくるのです。

ありがたいことに、こうした体験をつうじて、ウィークリー・メッセージというものが持つ深い意味を感じとることができるようになりました。

当初、ウィークリー・メッセージを始めたときは、新しいコミュニケーションの方法を職場に導入することによって、メンバーどうしが互いを深く理解することができるようになることを考えたのです。そして、そのことによって、おそらく職場での仕事が円滑に進むようになるだろうと考えました。しかし、そうしてメンバーどうしが互いを深く理解するようになると、職場のなかに、なぜか自然に、メンバーどうしの共感が生まれてきたのです。それは、かならずしも予想していなかったことです。

そして、このウィークリー・メッセージということを続けていると、それだけではない、さらに深みある世界が見えてきたのです。

第2章

自然に対話が生まれるとき

ウィークリー・メッセージによる対話

対話というものは、自然に生まれてくるのではないか。

毎週、多くのメンバーのウィークリー・メッセージを読んでいると、そんなことを思ってしまいます。

すなわち、職場において、こうして定期的にメッセージを交換していると、メンバーどうしの「相互理解」が進むだけでなく、メンバーどうしの「対話」が生まれてくるのです。それも、きわめて自然に生まれてくるのです。

しかし、それは決して、メンバーどうしが「意見交換」をはじめるという意味ではありません。もっと深い意味での「対話」が自然に生まれてくるのです。

たとえば、私の職場にRさんという女性メンバーがいます。彼女からのウィークリー・メッセージを読むと、私はいつも、「対話」ということについて深く考えさせられるのです。

なぜならば、彼女は、日常の職場では他のメンバーの前で、あまり多くを語らないからです。「寡黙」といってもよいほどです。会議のとき、マネジャーが「この件について何か質問は?」と聞いても、まず、質問をすることはありません。他人の前で語ることがあまり得意ではないのでしょう。そして、たとえマネジャーと二人だけの「対話」になっても、あまり積極的に話をするタイプではないのです。

それにもかかわらず、その「寡黙」な彼女から届くウィークリー・メッセージは、いつも「雄弁」です。おもわず、そのメッセージに読みいってしまうほどに、強く何かを語りかけてくるのです。それほど、新鮮なメッセージなのです。

しかし、それは、仕事や職場のことについての斬新な意見を述べたメッセージだからではありません。それは、彼女の内面的な悩みについて、実に率直に、そして深みを持って語りかけてくるメッセージだからです。

私自身、彼女からしばしば送られてくる感性豊かなメッセージを読んでいると、いろいろなことを深く考えさせられます。そして、ときおり、そのメッセージが自分に語りかけられているような気がして、彼女に「返信メール」を出したくなります。実際には、彼女は特定の誰かに語りかけているわけでもなく、メンバー全員に対してエッセイ的なメッセージを送っているだけなのですが、なぜか、そんな気持ちにさせられるのです。

「返歌」のメッセージ

こうしたメッセージを読んでも、私自身は、忙しさもあり、実際に返信メールを出すことはありません。しかし、ときおり、他のメンバーからの面白いウィークリー・メッセージを目にすることがあります。

それは、「返歌」のようなメッセージです。

すなわち、それは、彼女に対する直接的な返信メールではないのですが、彼女の投げかけたメッセージに対して、あたかも和歌における「返歌」のごとく、一見それとはわからないほどに婉曲な形で、間接的なメッセージを返してくるメンバーがいるのです。

たとえば、ある週に彼女が母への思いについて語ったメッセージを送ってきたとき、翌週には他のメンバーから、やはり母をテーマとしたメッセージが返ってくるのです。

それは、まさに和歌の「返歌」という世界です。和歌においては、誰かが詠んだ歌に対して、同じ主題での歌を詠んで返すことによるメッセージ交換が行われますが、ウィークリー・メッセージにおいても、こうした「返歌」のようなメッセージ交換が行われるのです。

そして、こうした「返歌」のようなメッセージは、決して特定の誰かだけから返ってくるのではありません。ウィークリー・メッセージをよく読んでいると、多くのメンバーのあいだで、こうした「返歌」の形でメッセージが返されているのです。

日本的な「深層対話」

だから、Rさんの「語りかける」ようなメッセージや、それに対する「返歌」のようなメッセージを目にするとき、私は、「対話」ということの意味を深く考えさせられてしまうのです。

おそらく、ウィークリー・メッセージとは、ある意味で、きわめて優雅で間接的な「対話」にほかならないのでしょう。エッセイの交換という形で、メンバーのあいだで、深いレベルでの「対話」が行われているのです。

そう考えてみると、たしかにわれわれ日本人のなかには、こうした「深層対話」とでも呼ぶべきコミュニケーションのスタイルがあるようです。

たとえば、秋の夜、私が友人と二人で散歩に出かけたとします。そして、空には大きな満月が昇っていたとします。

私は、その友人に語りかけます。

「ああ、いい月ですね。子供のころ、母とお月見をしたときを思い出す……」

それに対して、友人も答えます。

「いい月ですね。子供のころ、月にウサギがいると本当に信じていたのですよ……」

こうしたメッセージの交換は、いったい何を意味しているのでしょうか。

ある意味では、他愛もないメッセージの交換です、しかし、ある意味では、きわめて深いメッセージのやりとりでもある。

おそらく、それは、二人にしかわからない「こころの交流」とでも呼ぶべき世界なのかもしれません。しかし、おそらく、それは、もっとも深いレベルでの「対話」にほかならないのでしょう。そして、このように二人で月を見上げ、月を語ることを通じて己を語るという対話のスタイル、すなわち「深層対話」とでも呼ぶべきコミュニケーションのスタイルは、われわれ日本人のなかに深く根づき、ある意味で、日本文化の伝統ともなっているのです。

しかし、現代の職場においては、こうした味わいのある「メッセージ交換」や、深みのある「対話」が失われてしまっています。なぜでしょうか？

その一つの理由は、現代の職場においては、日本的な深層対話のスタイルよりも、欧米的な直接対話のスタイルのほうが優れたコミュニケーション・スタイルであるという誤解が広がっているからではないでしょうか。

「直接対話」の限界

たとえば、もし、あなたがマネジャーであるならば、考えてみてください。あなたは、最近、職場のメンバーと「対話」をされましたか？

この質問に対して、次のように答えるマネジャーの方がいると思います。

「ああ、最近も、メンバー一人ひとりと時間をかけて面接を行い、じっくりと対話したよ」

たしかに、最近、企業における実績主義評価などの導入にともなって、人事部門などはさかんに「面接による対話の重視」ということを強調します。マネジャーは定期的にメンバーとの面接を行い、メンバーの意見をよく聞き、メンバーとの対話を大切にしなければならないというのです。

もちろん、こうした面接による直接的な対話が大切なことは、改めていうまでもないのですが、決して見落としてはならないことがあります。それは、こうした直接的な対話だけでは、かならずしもメンバーのこころの深くにある声を聞くことはできないということです。

そもそも、人事管理や人事評価を前提とした対話の場では、マネジャーがメンバーに対して「今日は、率直に話しあおう」や「ぜひ、腹を割って話しあおう」などといっても、あまり意味はありません。なぜならば、こうした場では、メンバーの意識の根本に「マネジャー対メンバー」という対立的な構図があるため、メンバーの側が率直に話をしたり、腹を割って話をすることは、マネジャーの側が考えるほどには簡単ではないからです。

かつて文化人類学者のグレゴリー・ベイトソンが「ダブルバインド状況」（二重拘束状況）ということを語っています。たとえば、母親が子供に対して「おまえは良い子ね」と語りかけながら、しかし目は笑っていないという状況です。こうした「矛盾」した立場に立たされた子供は、「いったい母親は、その言葉どおり自分を愛してくれているのだろうか。それとも、あの目の冷たさは、自分を嫌っているからなのだろうか」と不安に陥ってしまうのです。

同様のことが、人事面接でも起こる可能性があります。

マネジャーがメンバーに対して「今日は、何でも率直に意見を聞かせてほしい」といいながら、しかしそのマネジャーはこころを開いていないという状況です。こうした立場に立たされたメンバーは、「いったいマネジャーは、本当に率直な意見を聞く気持ちがあるのだろうか。それとも、あのどこか硬い態度は、自分に対して批判的だからではないのだろうか」と不安に陥ってしまうのです。

したがって、こうした立場に立たされたメンバーは、「いったい、どこまで率直に語ってよいのだろうか」と不安に感じ、自分の意見を率直に述べることをやめてしまいます。また、ときには、無意識に、こころのなかに「ブロック」（心的障壁）を築いてしまったり、こころに「ペルソナ」（仮面）をまとってしまうのです。

そして、こころのなかにブロックが築かれ、こころがペルソナをまとってしまったとき、マネジャーとメンバーの間には、決して率直な対話や深い対話は起こらなくなってしまいます。

だから、面接による直接的な対話によって、かならずしも深いコミュニケーションがなされるとは限らないことを、職場のマネジャーは理解しておかなければなりません。

「ノミニケーション」の誤解

こう述べると、別なマネジャーの方からは、次のような意見が出るかもしれません。

「だからこそ、ときどき、職場のメンバーをつれて、飲みにいっているんだよ」

この意見にも、少し落とし穴があります。それは、日本企業においてマネジャーの多くが抱いている「ノミニケーション」という誤解です。多くのマネジャーが、赤提灯などにおいては、深いコミュニケーションが生じるという誤解を抱いているのです。

そのため、日本企業においては、しばしばメンバーを連れて一杯飲みにいくマネジャーを見かけます。たしかに、こうした「ノミニケーション」によってメンバーとの心理的距離が縮まることはあります。飲んだときのマネジャーの人柄を知ることによって、「親しみやすい人だ」「気さくな人だ」という印象をメンバーが持ち、それによってメンバーがマネジャーに話しやすくなることはあります。また、酒の席では、ときにマネジャーとメンバーが「本音」で語ることもできます。

しかし、こうした方法が、マネジャーとメンバーのコミュニケーションにおいて、かならずしも優れた方法とはかぎりません。最近の職場においては、そうです。なぜならば、最近の新しい世代の人々の多くは、仕事の終わった後の「アフターファイブ」の時間まで、上司とともに過ごしたいとは思っていないからです。まして、それが仕事に必要なコミュニケーションのためであるならば、なおさらです。業務時間以外まで業務のために拘束されることをあまり好まないのです。

また、マネジャーの世代にも、「ノミニケーション」を好まない人々が増えています。そのため、最近では「誰も歌いたくないカラオケ」などという笑い話が生じています。

新人が職場に配属になります。それを受け入れるマネジャーも、最近マネジャーになったばかりの比較的若い世代です。このマネジャーは考えます。「どうしたら、新人とのコミュニケーションを深めることができるだろうか？」そして、思い出します。「そういえば、昔、自分が配属になったとき、上司がカラオケに連れていってくれたな……。やはり自分も新人をカラオケに連れていってあげるべきだろうか……」そう、考えます。

一方、新人はこう考えます。「上司にカラオケに誘われた。自分はあまりカラオケは好きではないが、これが企業におけるコミュニケーションのマナーというものだろか……。それならば、やはり、せっかくの上司の誘いを断るべきではないだろう……」そう、考えます。

その結果、その夜、このマネジャーと新人は、どちらもあまり歌いたくないカラオケを、一緒に歌うことになるのです。「誰も歌いたくないカラオケ」という笑い話です。

コミュニケーションに関する幻想

こうした笑い話の背景にあるのは、コミュニケーションに関する一つの幻想です。すなわち、「酒の入った席では互いに本音で語りあえる」「宴会などの打ち解けた席では互いをよく理解できる」というあまり根拠のない幻想が、日本企業にはあるのです。

そのことを象徴するもう一つの例が、「無礼講」という発想です。

しばしば、職場での飲み会において、部長などの上席者が「今日は無礼講でいこう」といいます。もとより、その意図たるや大いなる善意なのです。すなわち、飲み会において、部下が酌をして回るなどの気苦労をしないですむようにという気配りで言っているわけです。しかし、残念ながら、部下の側はそうは思っていません。

部下の側には、次のような格言があります。

「企業において、無礼講なし」

この格言が意味するものは、たとえ部長が「無礼講でいこう」といったとしても、それに対して「はい、そうですか」といって、その飲み会を本当に「無礼」な場にしてしまってはならない、あくまでも上司に対する礼儀を失わず、細やかな配慮をしなければならない、という自戒なのです。

このように、たとえ「無礼講」といっても、上司は上司でおおらかに気をつかい、部下は部下でひそやかに気をつかうという状況が、しばしば生まれてきてしまうのです。

同じような意味で、赤提灯などの場において、上司が部下に対して「今日は、本音を聞かせてくれ」といっても、やはり部下は気をつかい、あたかも「本音」のように見せかけて「建前」を語るだけということが生じてしまいます。

「本音」で語ること

また、この「ノミニケーション」という方法は、マネジャーとメンバーがかりに「本音」で語りあえたとしても、一つの問題があります。

それは、酒の席で雰囲気に流されて語ったことが「本音で語った」と考えられてしまうという問題です。

「本音で語る」という言葉は、日本人の好きな言葉なのですが、実は、われわれ自身、自分の本音が何であるかわかっていないことが多いのです。そして、われわれは、自分が思っている以上に、他人の意見に影響されやすく、また、感情に流されやすいという側面を持っています。

たとえば、あるマネジャーがメンバーに対して、こう聞いたとします。

「君は、いまの仕事に満足しているのか？　本音を聞かせてほしい」

この質問に対して明確に答えられるのは、二つのタイプの少数のメンバーだけです。仕事にきわめて大きな不満を持っているメンバーか、仕事にきわめて満足しているメンバーです。それ以外のメンバーは、すなわちほとんどのメンバーは、満足と不満足のあいだで心境がゆれ動いているのです。そして、そのゆれ動く心境は、その質問がなされる状況によって違った答えとなって返ってくるのです。

たとえば、まわりのメンバーが次々に「仕事が不満だ」と愚痴をこぼす飲み会においては、自分もつられて「仕事が厳しすぎる」などと不満を述べるときもあります。しかし、それは、たまたまその日に上司から仕事のミスで注意を受けたあとであり、少し感情的になっていたためであったかもしれません。そして、冷静になって考えてみれば、そうした厳しい上司の指導のおかげでここまで成長してくることができたと、素直に感謝できる自分もいるのです。

こうしたことを理解するならば、私たちは、いったいコミュニケーションにおける「本音」とは何なのかについて、一度深く考えてみる必要があります。

これまでの企業社会においては、「本音で語ろう」「本音を聞かせてくれ」といった言葉がしばしば使われてきました。しかし、そのことは、言葉で語るほど簡単なものではありません。それは、人間のこころというものを、少し深く考えてみるならば理解できることです。

それゆえ、これからの企業社会において求められるのは、そうした人間のこころというものに対する深い理解と、その理解にもとづいた新しいコミュニケーションの方法なのです。

日本の企業文化に適したスタイル

実は、私が読者の方々に、ウィークリー・メッセージという方法をお勧めするのは、この方法が、職場における新しいコミュニケーションの方法になっていくと予感するからです。このウィークリー・メッセージという方法が、「深層対話」とでも呼ぶべき、深みあるコミュニケーションを生み出し、職場のメンバーどうしが互いに理解を深めていくことのできる新しい方法だと感じるからです。

もちろん、すでに述べたように、そのことは、これまでの面接やノミニケーションなどの「直接対話」の意義を否定するものではありません。そうした方法には、ウィークリー・メッセージという方法には決してない、優れた側面があるからです。しかし、一方で、こうした直接的な対話によっては決して交わされることのない繊細なメッセージというものがあるのです。そのことを、私たちは、忘れてはならないでしょう。

すなわち、ウィークリー・メッセージという方法の特徴は、「意見交換」による直接的な対話ではなく、「エッセイ交換」による深層的な対話であることです。そして、それが深層的な対話であるため、直接的な対話では交わされることのない繊細なメッセージが交換されるのです。

そもそも、ウィークリー・メッセージとは、まず何よりも、メンバーが自由に自分を表現する場なのです。何でも自分が書きたいことを自由に書き、職場のメンバーに語りたいことを自由に語る場なのです。しかし、そうして多くのメンバーが互いに自分を表現しあうようになると、自然にそれらのメンバーのあいだで深層的な対話が生まれてきます。そして、こうした深層的な対話のスタイルは、職場においてメンバーどうしが深いコミュニケーションを行うための、無理のない自然な方法であり、日本の企業文化に適したスタイルであるといえます。

電子メールによるメッセージ交換の効用

しかも、このウィークリー・メッセージという方法は、それを実行することはきわめて簡単です。もし職場でメールが使えなくても、紙ベースでメッセージを交換することでも始められます。実際、私の職場では、メールが導入されるまでの六年間は、紙ベースでウィークリー・メッセージの交換を行っていました。

しかし、このウィークリー・メッセージの交換をメールによって行うようになってから、やはり便利になったことはたくさんあります。

まず、メッセージの交換に手間と時間とコストがかからないということです。紙ベースのメッセージ交換では、メンバーがエッセイを書く、各自がプリントアウトする、これを全メンバーから集める、まとめてコピーをとる、これらを全メンバーに配る、というプロセスが必要です。配布担当者を決める、コピー紙を再利用する、などの工夫をしても、やはり手間と時間とコストがかかるのです。

これに対して、電子メールのメッセージ交換では、メンバーがエッセイを書く、メーリング・リストを使ってメンバー全員に発信する、それだけです。手間も時間もコストもかかりません。

そして、過去のメッセージを保管しておくのにも、場所をとりません。紙ベースの時代は、一年間のメッセージを集めると、ゆうに一〇〇〇枚を超えるファイルが必要になってしまいました。これに対して、メールでは、その保管にも場所をとりません。いま、私のノートブック・パソコンのハードディスクのなかには、三〇〇〇通を越えるウィークリー・メッセージが保存されていますが、現代の最先端のパソコンにとって、そのために必要な記憶容量はわずかなものです。

しかし、メールによるウィークリー・メッセージの最大のメリットは、すぐに返事のメールを送れることでしょう。さきほど「深層対話」ということをいいましたが、メンバーのあいだでは、共感を覚えたメッセージに対しては、すぐに個別に感想メッセージを送るという、ある種の「直接対話」もなされています。もちろん、これは、ウィークリー・メッセージのメーリング・リストの外で行われる「一対一」のメッセージ交換ですが、やはりウィークリー・メッセージの活動の一環と考えてよいでしょう。

このように、職場にメールが普及したことで、このウィークリー・メッセージという新しいコミュニケーションの方法が、また、一段と進化しつつあります。

では、このことは、いったい何を意味しているのでしょうか？

原点への回帰

それは、現在、日本の多くの企業において進む「情報革命」がもたらすものが、単なるコミュニケーションの迅速化と効率化ではないことを意味しています。すなわち、いま、多くの企業に導入されつつある最先端の情報システムは、単なるコミュニケーションの迅速化と効率化を超えて、これまでの日本企業の職場にはなかった、まったく新しいコミュニケーションのスタイルを生み出そうとしているのです。

そして、その新しいコミュニケーションのスタイルとは、ある意味で、日本文化の伝統である「深層対話」のスタイルの復活でもあります。しかし、それが、なぜかいま、最先端の電子メールを用いた「ウィークリー・メッセージ」という方法によって復活しようとしている。

そのことに、私は、不思議な感覚を抱くのです。

科学技術の発達は、なぜか、私たちを、原点へと回帰させようとしている。

そんな不思議な感覚を抱くのです。

第3章

しなやかに格闘する個性

ウィークリー・メッセージと個性

現代の職場において、個性は、しなやかに格闘する。

しなやかな格闘をつうじて、磨かれていく。

そして、ウィークリー・メッセージというものは、もしかすると、そのしなやかな格闘の場を生み出しているのかもしれない。

それは、職場のメンバーのあいだに、自然に深層対話を生み出すだけでなく、そうした深いレベルでの対話をもたらすことによって、メンバー一人ひとりの個性を磨くことにも役立っているのかもしれない。


そう感じています。

たとえば、Sさんのウィークリー・メッセージです。彼のウィークリー・メッセージは、いつも読みごたえがあります。なぜならば、毎週、一つの「小論」をメッセージとして送ってくるからです。ときに、経済政策の問題、ときに自治体運営の問題、ときに企業経営の問題、いつも論旨明快に一つの「論」を立ててきます。字数は一五〇〇字程度なのですが、起承転結と主張のはっきりしたメッセージを寄せてきます。

あるとき本人に、そうしたメッセージを書きつづける理由を聞いたところ、「シンクタンクの研究員としての文章修行です」とさわやかにいっていましたが、多忙をきわめるシンクタンカー業務とマネジャー業務の合間をぬって毎週こうした小論を立てるのは、文字どおり大変な「修行」でしょう。しかし、それを読ませてもらうメンバーのひとりとしては、毎週、とても勉強になります。

しかし、ウィークリー・メッセージにおいてこうした小論を送ってくるのは、決してこのSさんだけではありません。Sさんは私の職場のマネジャーでもあり、メンバーのなかでは比較的年長者なのですが、面白いことに、入社数年の若手メンバーの何人かが、このSさんに触発されたかのように堂々と論を立ててメッセージを送ってくるのです。もちろん、そのメッセージは、直接Sさんのメッセージに反論したり、賛同したりするものではなく、まったく違ったテーマについて、自分の意見を述べているものなのですが、やはり主張がはっきりしており、読んでいて勉強になります。

そして、Sさんや若手メンバーだけでなく、もちろん、それ以外のメンバーのなかにも、環境問題に関するメッセージを送りつづける人、日韓問題を体験的に語りつづける人など、さまざまな主張や意見がメッセージとして送られてきます。

このように私の職場のウィークリー・メッセージにおいては、さまざまなテーマについて、メンバーの意見や主張が語られていますが、そのことが、きわめて大切なことのように思われます。

なぜならば、それは、しなやかな格闘の場を生み出すからです。さまざまな個性がしなやかに格闘する場を生み出すからです。

個人主義と個性についての誤解

そもそも、最近の企業の職場における問題の一つは、「個性の格闘」が生じないということです。要するに、職場のメンバーがみな「物分かり」がよいのです。マネジャーにも「人当たり」のよいマネジャーが増えています。部下に厳しいことをいえるマネジャーなど絶滅寸前です。そして、メンバーどうしも、相手の「領域」に踏み込まないように互いに気をつかっています。職場には「優しさ」があふれています。しかし、それは、どうも本当の「優しさ」ではないように思えるのですが。

だから、こうした時代には、自分とは異なった個性を持つメンバーと口角泡を飛ばして議論をするなどということはめったに起こらなくなりました。しかし、その結果、なぜか職場のメンバー一人ひとりの個性が磨かれなくなってきているのです。他人の価値観を侵害しないという「個人主義」は浸透してきているのですが、逆に、「個性」は失われてきている。そうした一種の「逆説」が生まれてきているのです。

おそらく、いま世の中に、一つの「誤解」があるのでしょう。


それは、「個人主義を尊重すると個性が豊かになる」という誤解です。


しかし、実際には、個人主義を尊重するだけでは、決して個性は磨かれません。なぜならば、人間の個性というものは、まったく違った個性との格闘をつうじて磨かれるものだからです。

私の職業人としてのささやかな経験を振り返っても、そのことは真実のようです。

これまで何人もの個性的で優れたビジネスマンに巡り会ってきましたが、こうしたビジネスマンというものは、どうも多くの場合、やはりきわめて個性的で優れた先輩ビジネスマンの下で修行することから育ってくるようなのです。いわゆる、「少しクセはあるが、仕事のできる人材」の下から育ってくるのです。

そして、この修行の時代というのは、決して楽ではない時代なのです。しかし、その「楽ではない」という意味は、「あごで使われる」からでも、「失敗したときに怒鳴られる」からでもありません。その先輩ビジネスマンの持つ強烈な個性と明確な価値観に強く惹かれ、多くの影響を受けながらも、それに染まってしまわず、自分なりの個性と価値観を見出していくプロセスが「楽ではない」のです。

しかし、本当の個性というものは、こうした異なった個性との格闘をつうじてしか磨かれないことは、やはり真実のようです。同様に、本当の価値観というものは、異なった価値観との衝突をつうじてしか磨かれないのです。そして、そうした格闘をつうじて磨かれた個性や、衝突をつうじて磨かれた価値観こそが、その人間にとって真に身についた個性であり価値観なのでしょう。

悪口雑言の後の乾杯

したがって、これからの時代に、自分の個性や価値観を明確に持った人材を生みだしていこうとするならば、職場において大切にすべきは、「個性の格闘」や「価値観の衝突」なのです。

しかし、現代の職場において、こうした格闘や衝突を実現することは、それほど容易ではありません。なぜならば、職場には、個性の格闘や価値観の衝突が起こったときに、どう対処すればよいかを知らない若いメンバーが増えているからです。

たとえば、ネットフォーラムでの出来事で、しばしば引用されるエピソードに、「悪口雑言の後の乾杯」というものがあります。

それは、あるネットフォーラムでのオンラインによる討論で、二人のメンバーのあいだでの議論がこじれて激しい非難合戦になり、最後には、まわりのメンバーが読んでいてもつらくなるほどの悪口雑言を相手に投げつけあう状態になったというエピソードです。これを見かねたフォーラムの主催者が、二人を呼び出して酒を飲みながら直接に話しあいをさせたところ、二人は互いに意気投合し、最後には仲直りの乾杯をしたということです。

この話は、現代の職場において私たちが抱えている問題を象徴しています。

その問題をわかりやすくいえば「やまあらしのジレンマ」を経験していないという問題です。そのため、互いのこころの距離のとり方がわからないのです。

やまあらしのジレンマ

「やまあらしのジレンマ」とは、かつて哲学者ショーペンハウエルが語った寓話に由来するものですが、次のような物語です。

あるところに二匹のやまあらしが住んでいました。

冬の朝、とても寒いので、二匹のやまあらしは、互いに暖めあおうとして身を寄せあいました。

しかし、あまりに近く身を寄せあったため、二匹のやまあらしは、自分の体に生えているハリによって、お互いに相手を傷つけてしまいました。

その痛みから、二匹のやまあらしは、お互いに相手から離れたのですが、今度は、また、寒くてたまらなくなりました。

そこで、ふたたび二匹のやまあらしは、身を寄せあいました。するとまた、互いに相手を傷つけてしまったのです。

こうして、二匹のやまあらしは、離れたり、近づいたりすることを繰り返し、ついに、最適の距離を見出したのです。


この「やまあらしのジレンマ」という寓話が私たちに教えてくれるものは、個性の格闘や価値観の衝突という「痛み」を通じて、「最適の距離」を見出すことの大切さです。

しかし、現代の家庭教育や学校教育において若い世代は、こうした「やまあらしのジレンマ」をあまり経験することがないままに、社会に出ていくのです。そして、これらの若い世代は、相手との「最適の距離」を見出す能力が磨かれていないため、職場において、相手の価値観と衝突することを必要以上に恐れるか、相手の価値観と衝突するとき、必要以上に相手を傷つけてしまうのです。

個性がしなやかに格闘する場

では、どうすればよいのでしょうか？

職場においてメンバーの個性や価値観が磨かれるためには、個性の格闘や価値観の衝突がなければならない。しかし、メンバーには、個性の格闘や価値観の衝突を受け入れていくための基本的な訓練が不足している。

そうした状況において、職場のマネジャーは、どうすればよいのでしょうか？

その答えが、さきほど述べた二つのことです。

個性がしなやかに格闘する場を生み出すこと。

価値観がやわらかに衝突する場を生み出すこと。

その二つです。

そして、そのための優れた方法が、ウィークリー・メッセージという方法です。

なぜならば、ウィークリー・メッセージにおいては、冒頭に紹介したように、メンバーは自分の意見や主張を明確にメッセージとして発信することができるからです。しかし、一方で、このウィークリー・メッセージは、あくまで「エッセイ」としてのメッセージであり、ネットフォーラムのような「ディスカッション」を行うためのメッセージではありません。

したがって、そこに生まれる「個性の格闘」や「価値観の衝突」は、ディスカッションやディベートのような直接的な格闘や衝突ではありません。しかし、互いが相手のメッセージをどこかで意識しながら自分のメッセージを発信するため、こころの深くでは、相手の個性と自分の個性がしなやかに格闘し、相手の価値観と自分の価値観がやわらかに衝突しています。その意味で、このウィークリー・メッセージという方法は、「個性のしなやかな格闘」と「価値観のやわらかな衝突」を生み出すひとつの優れた方法であるといえるでしょう。

職場ネットコミュニティの意義

しかし、このウィークリー・メッセージにおける「個性のしなやかな格闘」と「価値観のやわらかな衝突」には、もう一つ大切な特長があります。それは、この格闘や衝突が、実際の職場で毎日顔をあわせ、一緒に仕事をしているメンバーどうしのあいだで起こる格闘や衝突であるという点です。

この点は、きわめて重要な点です。なぜならば、単に「個性の格闘」や「価値観の衝突」だけが大切であるならば、書店に行ってさまざまな論者の「エッセイ」や「評論」を買い込み、それを読みながら、論者の個性と自分の個性、論者の価値観と自分の価値観との対比を行えばよいからです。

しかし、本来、個性や価値観というものは、「全人格的」なものであり、また、そうでなければならないものです。その人間の仕事と生活、言説と行動のすべてをつらぬくべきものです。ときおり、著名な「論者」と呼ばれる人々の語る価値観に説得力が感じられないときがあります。それは、まさに、それらの論者がそうした価値観を、「全人格的」なものとしてではなく、単なる「理論」として語っているだけだからでしょう。

それゆえ、本来、ある人間がその個性や価値観を磨いていくためには、その人間の個性や価値観と、他の人間の個性や価値観が全人格的なレベルでぶつかることが必要なのです。したがって、職場においても、メンバーが個性と価値観を磨いていくためには、そのことがきわめて大切な条件になります。

だから、ウィークリー・メッセージにおける「個性のしなやかな格闘」や「価値観のやわらかな衝突」というものが、実際の職場で毎日顔をあわせ、一緒に仕事をしているメンバーどうしのあいだで生まれるということが、きわめて大切なことなのです。たとえ、それが「しなやかな格闘」であっても、「やわらかな衝突」であっても、やはり、仕事と職場をつうじて、全人格的なレベルでの個性の格闘と価値観の衝突が生まれてこなければならないのです。

逆にいえば、ネットフォーラムにおける議論が、ときとして、空疎な議論のための議論に流れてしまう理由の一つが、ここにあります。現実の世界を共有し、その現実に対して互いに共同の責任を持たない者どうしの議論には、どうしても限界があります。そうした議論には、どうしても無意識の無責任さが忍びこんでしまう可能性があるのです。そして、そうした無意識の無責任さが支配する場においては、互いの個性を磨き、互いの価値観を高めるような議論がなされることはきわめて難しいのです。

そうした意味では、これからのネットワーク時代に数多く生まれてくる「ネットコミュニティ」のなかで、むしろ注目すべきは、現実の職場を共有し、その職場に責任を持ちあう特定のメンバーが集まる「職場ネットコミュニティ」ではないでしょうか。

もちろん、不特定多数のメンバーが自由に集まるネットコミュニティにも、きわめて優れた側面があります。たとえば、心理学者シェリル・タークルが著書『接続された心』などで指摘しているように、そこでは、いま、新たなパラダイムのコミュニケーション文化が誕生しつつあり、そうした意味でも、きわめて深い世界が生まれつつあります。

しかし、いま、ネットワーク時代において数多く生まれつつあるネットコミュニティが、これまでの現実のコミュニティになかったまったく新しいタイプのコミュニティを生み出していると同時に、実は、現実のコミュニティそのものを大きく進化させていこうとしていることを忘れてはなりません。

たとえば、現実の職場メンバーが集まる「職場ネットコミュニティ」は、現実の「職場コミュニティ」とのあいだで、互いに深い影響を与えあいながら進化していくからです。それは、ある種の「相互進化」と呼ぶべきプロセスです。そして、その相互進化がもたらすものが、これからの企業における「職場」というもののあり方を根本から変えてしまうのです。

私が、ウィークリー・メッセージという方法によって職場に生まれてくるネットコミュニティの姿をみつめ、そのネットコミュニティと現実の職場コミュニティとの相互進化のプロセスに目を向ける理由は、まさにこの点にあります。

しかし、このことを詳しく論じることは、本書のテーマではありません。それは、また、別な機会に譲りたいと思います。

「生きたシステム」としてのウィークリー・メッセージ

さて、このように、ウィークリー・メッセージとは、職場のメンバーのあいだでの「個性のしなやかな格闘」や「価値観のやわらかな衝突」を生み出すことによって、メンバーが自然に互いの個性や価値観を磨いていくことのできる方法といえます。しかし、そうした格闘や衝突の結果、決して単一の個性や価値観だけが生き残るわけではありません。決して、職場がひとつの個性や価値観だけで占められてしまうわけではないのです。

それは、さまざまな生物種によって構成される自然の「生態系」で生じるプロセスと同じです。そこでは、それぞれの生物種のあいだに厳しい競争や淘汰のプロセスがありながらも、結果として、ますます多様な生物種が繁栄し、共生していくプロセスが展開するのです。それは、決して、競争と淘汰のプロセスの結果、たった一つの生物種だけが生き残るという世界ではないのです。

すなわち、同様に、ウィークリー・メッセージは、個性の格闘や価値観の衝突を生み出す一方で、職場における個性と価値観の多様性と共生を同時に生み出していくのです。

なぜならば、ウィークリー・メッセージにおいては、年齢や役職に関係なく、メンバーは自由にメッセージを発信できるからです。そのため、さまざまな個性を持ったメンバーのさまざまな価値観が自由に語られるからです。

たとえば、冒頭に紹介したように、入社したばかりの新入社員でも、ウィークリー・メッセージにおいては、自分の意見や主張を自由に述べることができます。そして、それが共感を呼ぶメッセージや学ぶことの多いメッセージであるならば、年齢や役職に関係なく、そのメンバーには、職場の多くのメンバーからの支持と評価が集まるのです。

すなわち、ウィークリー・メッセージとは、一方で、個性のしなやかな格闘と価値観のやわらかな衝突を生み出しながらも、一方で、さまざまな個性や価値観が自然に共生していく世界を生み出していくのです。

そして、職場において、ウィークリー・メッセージというものが生み出すこうした生命的プロセスをみていると、それが、単にコミュニケーションの「新しいスタイル」を生み出すだけではないことに気がつきます。

それは、あたかも自然の生態系のような「生きたシステム」を生み出していくのです。

第4章

知識を学びあうために

ウィークリー・メッセージと知識

職場において知識を学びあうためには、何が大切だろうか。

ウィークリー・メッセージを読んでいると、そんなことを考えてしまうときがあります。なぜならば、このウィークリー・メッセージにおいて積極的に仕事や職場のことを語るメンバーがいるからです。

もちろん、それは、仕事や職場以外のことでも、プライベートなことでも、自由に書いてよいメッセージです。しかし、決して「仕事や職場のことを書いてはいけない」というルールではありません。そのため、何人かのメンバーは、積極的に仕事や職場のことを書いたメッセージを発信してきます。そして、こうしたメッセージは、多くの場合、職場のメンバーのあいだで、仕事に必要な「知識」（ナレッジ）を学びあうことに役立つのです。

たとえば、Tさんがしばしば送ってくるメッセージです。

彼のメッセージは、「反省メッセージ」とでも呼ぶべきメッセージです。なぜならば、Tさんが担当したプロジェクトの重要なイベントが終了した翌週などには、しばしば、そのイベントの反省を述べたメッセージが送られてくるからです。すなわち、ウィークリー・メッセージにおいて、Tさんは、先週のイベントの運営における反省点などを、短い文章ながら、的確に述べてくるのです。

だから、このTさんの送ってくる反省メッセージは、職場の他のメンバーにとって、とても貴重なメッセージになっています。その反省メッセージのなかに、仕事において身につけておかなければならない、数多くの知識が含まれているからです。

しかし、ここで、読者のなかには、この「反省メッセージ」という言葉を聞いて、「なんだか古臭い」と感じる方も少なくないでしょう。たしかに、この「反省」という言葉は使い古された言葉なのですが、私は、メンバーが一人の職業人として成長していくために、この「反省」をするということが、きわめて重要なことだと思っています。

なぜならば、ときおり、かなり長い業務経験を積みながらも、業務に関してあまり高度な知識が身についていない人材をみかけるからです。そして、そうした人材をよくみていると、多くの場合、業務におけるもっとも基本的な知識修得の方法が身についていないことがわかります。

では、業務におけるもっとも基本的な知識修得の方法とは何でしょうか？

それが、この「反省」という方法なのです。

逆にいえば、この「反省」という方法を正しく身につけていると、さまざまな業務の経験を高度な知識へと結びつけていけるのです。

そうした意味で、Tさんの反省メッセージは、職場のひとりのメンバーとして、大変勉強になります。たとえば、私は、このTさんのプロジェクトのイベントには参加しなかったのですが、このメッセージを読むだけで、そのイベントの経験をつうじてプロジェクト・メンバーが学んだ大切な知識を、私自身も学ぶことができるからです。

メール反省会

しかし、このTさんの反省メッセージには、ひとりTさんの学んだ知識だけが書かれているわけではありません。実は、この反省メッセージの背景には、プロジェクトに関わった多くのメンバーが学んだ多くの知識があるのです。そして、その知識は、ある「場」に集められ、共有されているのです。

では、その「場」とは何でしょうか?

それは、「メール反省会」です。

このメール反省会とは、私たちの職場では頻繁に行っているものですが、具体的には、次のような方法で行うものです。

まず、プロジェクトにおいて企画、営業、生産、イベントなどのさまざまな活動を行ったとき、それらの節目ごとに、各メンバーから「反省コメント」を提出してもらうのです。たとえば、あるプロジェクトで顧客を集めてワークショップを行ったとします。そのワークショップが終わったあとで、その運営にたずさわったメンバーから、ワークショップの運営における「うまくいった点」や「うまくいかなかった点」についての反省コメントを、電子メールのメーリング・リストにおいて自由に出してもらうのです。そして、それらの反省コメントの要点を、プロジェクト・マネジャーが集約・整理して、ふたたびメーリング・リストでプロジェクト・メンバー全員に伝えるのです。

こうした反省コメントを出しあうと、たとえば、次のようなコメントが出ます。

「会場受付での手際が悪かったため、ワークショップ参加者をかなり待たせてしまった」

「会場でのディスカッションのとき、発言者にマイクを回すのに手間どった」

「最初の問題提起において、具体的事例の説明が不十分であったため、わかりにくかった」
「ワークショップ終了後、参加者が個別に集まって議論をつづける場所がなかった」

こうした反省コメントです。そして、こうしたコメントをメンバー全員が参加して組織的に出しあうことの効用は、いくつもあります。

「ナレッジ・ベース」としての反省メール

一つは、ワークショップの運営にあたったメンバーが、こうしたイベントを成功させるために必要な「知識」について、成功面、失敗面の両方の側面から体系的に学ぶことができることです。そして、自分が気がついた知識だけでなく、気がつかなかった知識をも学ぶことができることです。

すなわち、もし、こうした反省会を組織的に行わなければ、一人ひとりのメンバーは、たまたま自分が関与した成功や失敗の経験だけから学ぶことになります。いや、それさえも、反省会のような場において一度冷静になって考えることがなければ、そのままでは気がつかないで終わってしまい、一人だけではせっかくの貴重な経験から学べないことが多いのです。

だから、反省を「個人」の営みにまかせず、「組織」として行わなければならないのです。反省が個人にゆだねられた場合には、よほど「反省力」のある個人でないかぎり、その貴重な経験を徹底的に反省し、その経験のなかから高度な知識を見出し、学んでいくことはできないからです。

もう一つは、ワークショップの運営にあたったメンバー以外のメンバーも、これらの知識を学ぶことができることです。すなわち、こうしたメール反省会は、その反省の記録が、文書化されたメールという形で保存されるため、この反省会に参加しなかったメンバーでも、このプロジェクトに参加しなかったメンバーでも、そこに提出されたメールを後日じっくりと読むだけで、多くの知識を学ぶことができます。

実際、こうしたメール反省会の記録は、そのまま一種の「ナレッジ・ベース」になるものであり、メンバー一人ひとりが持つ優れたナレッジを組織全体で共有し、活用するためには、かならず取り組むべきナレッジ・マネジメントの第一歩であるといえます。

言葉で語ること

しかし、こうしたメール反省会を真に意義あるものにするためには、二つの大切なポイントがあります。

それは、「言葉で語る」ということと、「自己を語る」ということです。

まず、「言葉で語る」ということですが、それは、成功や失敗の経験をつうじて学んだことを、できるかぎり「言葉」にして表すということです。この「言葉で語る」ということが大切な理由は、そもそも、それを行わなければ、あるメンバーがある経験をつうじて身につけた知識が、そのメンバーだけのものにとどまってしまい、職場の他のメンバーにそれを伝え、職場全体で共有することができないからです。

しかし、さきほども述べたように、この「言葉で語る」ということのさらに大切な意義は、実は、それ以前にあります。すなわち、こうして言葉にして表す努力をしなければ、そもそもある経験を得たメンバーが、その経験から学んだことを明確に自覚せず、自分自身、その貴重な経験を豊かな知識にしていくことができないからです。

そうした意味では、メール反省会とは、メンバー一人ひとりのなかに眠る「言葉にしていない知識」を言葉にする努力をつうじて、そのメンバー自身にとってはその知識を自覚することができる場であり、他のメンバーにとってはその知識を学ぶことができる場であるといえます。

言葉にならない智恵

しかし、このメール反省会には、さらに深い世界があります。

なぜならば、メンバーが経験をつうじて無意識に学ぶものには、「言葉にしていない知識」（ナレッジ）だけでなく、「言葉にならない智恵」（ノウハウ）があるからです。言葉で語ろうとしても、決して語れないものがあるからです。

そして、面白いことに、このメール反省会は、こうした「言葉にならない智恵」についても、メンバーがそれを自覚することができる場となるのです。

たしかに、この「言葉にならない智恵」とは、文字通り「言葉で語ることができない」ものであり、いわば「暗黙知」とでも呼ぶべきものです。では、なぜ、その「暗黙知」が、メール反省会で自覚することができるのでしょうか？

この「暗黙知」については、その概念の提唱者である、科学哲学者マイケル・ポランニーが、次のように述べています。

「われわれは、語ることができるより、多くのことを知ることができる」

この指摘どおり、一つの経験をつうじて学んだものをすべて言葉で語る努力を尽くしたとしても、言葉にならないで残るものが、たしかにあります。これをポランニーは、「暗黙知」と呼び、それを私たちは、古くから、「智恵」と呼んできたのです。そして、私は、ナレッジ・マネジメントの文脈においては、それを「ノウハウ」と呼んでいます。すなわち、「言葉にしていない知識」である「ナレッジ」との対比で、こうした「言葉にならない智恵」を「ノウハウ」と呼んでいます。

では、このメール反省会が、なぜ、こうした「言葉にならない智恵」についても、メンバーがそれを自覚することができる場となるのでしょうか。

その理由は、やはり、もう一人の科学哲学者ヴィトゲンシュタインの遺した言葉に示されています。彼は、『論理哲学論考』という書のなかで、次のように述べています。

「われわれは、言葉にて語り得るものを語り尽くしたとき、言葉にて語り得ぬものを知ることがあるだろう」

このヴィトゲンシュタインの指摘は、きわめて大切なことを教えてくれます。すなわち、メール反省会のような場で、ある経験をつうじて学んだものを、できるかぎり言葉で語ろうとします。その結果、言葉で語ることができたものは、「知識」（ナレッジ）として自覚されますが、結局、言葉で語ることができなかったものも、あるたしかな「感覚」としてわれわれのなかに残るのです。

それは、あたかも「井戸の地下水」に似ています。井戸から地下水を一生懸命汲み上げると、まず、井戸の地下水の上層の水を汲み出すことができます。これが「知識」です。しかし、汲み出すことができなかった深層の地下水についても、上層の地下水を汲み出す努力をつうじて、その水位は上昇してくるのです。これが「智恵」です。

そして、こうして水位が上昇した深層の地下水は、地下水を汲み出す努力をしなかったことに比べれば、明らかに意識によって捕らえやすくなっているのです。すなわち、こうして上層の地下水を汲み出す努力をつうじて深層の地下水の水位を上昇させておいたとき、直観や洞察、さらにはインスピレーションやセンスといった形で、その深層の智恵を活用することができやすくなるわけです。

このように、メール反省会というものは、ひとりのメンバーにとって、単に「言葉にしていない知識」（ナレッジ）を言葉にすることによって活用するだけでなく、「言葉にならない智恵」（ノウハウ）を自覚することによって活用するためにも意義があるのです。

ちなみに、私は、このメール反省会の意義を、別な言葉で表現しています。

それは、「経験」を「体験」にまで高める、ということです。

すなわち、ひとりの人間の「経験」とは、そこから得られる知識と智恵を自覚的かつ徹底的に学んだとき、それが「体験」へと高められるのです。したがって、さきほど述べた、かなり長い業務経験を積みながらも、あまり高度な業務知識が身についていない人材の抱えている問題とは、まさに、この意味において、「経験」を「体験」へと高める方法を知らないということにほかなりません。そう考えるならば、メール反省会とは、職場のメンバーが、その業務の「経験」から学んだことを言葉で語る努力を尽くすことによって、それを「体験」にまで高めていく場であるといえるでしょう。

自己を語ること

しかし、メール反省会をメンバーにとって真に意義あるものにするためには、もう一つ大切なポイントがあります。

それは、「自己を語る」ということです。

さきほど、メールで、次のような反省コメントが出された場合を示しました。

「会場受付での手際が悪かったため、ワークショップ参加者をかなり待たせてしまった」

「会場でのディスカッションのとき、発言者にマイクを回すのに手間どった」

「最初の問題提起において、具体的事例の説明が不十分であったため、わかりにくかった」

「ワークショップ終了後、参加者が個別に集まって議論をつづける場所がなかった」

しかし、こうした反省コメントは、評論家的な立場で語るのであるならば、気楽に出せるのですが、実際にワークショップを実施したあとでメンバーのあいだで反省コメントを出しあうときには、一つの大きな問題に直面します。なぜならば、一つの反省コメントは、それをよく議論するならば、かならず特定のメンバー個人の失敗と責任の問題に結びついていくからです。

たとえば、「受付で参加者を待たせてしまった」というコメントは、そのとき受付を担当していたメンバーに対する「なぜ、事前に受付の手際を確認しておかなかったか」や

「なぜ、そのときに臨機応変の対応ができなかったか」といった問題に結びついていくのです。したがって、こうした反省コメントを率直に出しあえるためには、職場に二つの文化がなければなりません。

一つは、メンバー一人ひとりが、自分の失敗や責任を率直に認め、自分自身の成長に結びつけていくという文化です。そして、もう一つは、メンバー一人ひとりが、他のメンバーの失敗や責任を、他人のこととしてではなく、自分自身の学びの問題として謙虚に受けとめる文化です。

もし、その職場に、自分の失敗や責任を率直に認め、他人の失敗からも謙虚に学び、それらを自分自身とメンバー全員の成長に結びつけていくという文化がなければ、反省コメントの内容も、ことなかれ主義の「まずはうまくいってよかった」式のコメントや、評論家的な「かくあるべきであった」式のコメントになってしまいます。そして、そうした反省コメントは、職場における実際の問題の解決と職場のメンバーの成長のためには、ほとんど役に立たないコメントになってしまうのです。

では、どうすればよいのでしょうか?

どうすれば、職場のメンバー全体に、自分の失敗や責任を率直に認め、他人の失敗からも謙虚に学び、それらを自分自身とメンバー全員の成長に結びつけていくという文化が生まれてくるのでしょうか?

エゴ・マネジメント

そのために、職場のマネジャーが理解しておかなければならない大切なことがあります。
それは、この問題の本質は、組織における「エゴ・マネジメント」の問題であるということです。

人間であるならば、誰しも、自分の失敗と誤りを認めたくないというエゴは持っています。そして、自分の失敗と誤りに直面して、「あれは仕方がなかった」「あれで良かった」と自分を正当化したいという気持ちを持っています。

こうしたエゴの問題に対して、マネジャーが「エゴを捨てよ」といった宗教的精神論を語ることは、正しくありません。

この問題は、ひとりの人間のなかで、「どちらのエゴが勝るか」という問題としてとらえるべきなのです。

すなわち、自分の失敗と誤りを認めないことによってプライドを保つというエゴと、ひとりの人間としてさらに大きく成長していきたいというエゴと、いずれが勝るかという問題なのです。

そのことを理解するならば、マネジャーは、メンバーのなかにある後者のエゴをこそ励ましてあげるべきなのでしょう。もちろん、それがエゴであるかぎり、かならず次の段階のエゴの問題に直面することはたしかです。たとえば、「自分と彼と、どちらが早く成長しているか?」という競争心や、「自分は、これほどまでに成長した」という慢心などのエゴが待ち受けています。それでも、こうしたエゴ・マネジメントの問題には、その向かうべき方向というものがあります。そして、その方向という意味では、マネジャーは、後者のエゴをこそ励ましてあげるべきなのでしょう。

そして、ひとりの人間としてさらに大きく成長していきたいというメンバーのエゴを励ましてあげるためには、失敗や誤りに直面したときこそ、職業人として、そして人間として大きく成長できるということを、みずからの体験をふまえて教えてあげるべきなのでしょう。

その意味で、マネジャーとは、もしかしたら、誰よりも、失敗と敗北の経験を持っていなければならないのかもしれません。そして、そうした経験をつうじて、「敗北した軍隊は良く学ぶ」という言葉の味わいを、誰よりも深く理解していなければならないのかもしれません。

職場のメンバーの「こころの問題」

さて、このように、冒頭に紹介したTさんの反省メッセージの背景には、私たちの職場におけるメール反省会などの活動があります。それは、職場のメンバー一人ひとりが、それぞれの仕事の経験をつうじて学んだ大切な知識を、職場のメンバー全員で学びあうための活動です。そして、ウィークリー・メッセージにおいて発信されるTさんのような反省メッセージは、あくまでも「私が学んだこと」という視点でエッセイ的に語るスタイルをとってはいますが、それらの大切な知識をメンバーに伝えようとしているのです。

このように、ウィークリー・メッセージとは、メンバー一人ひとりが持っている「言葉にしていない知識」（ナレッジ）を積極的に言葉にし、他のメンバーに伝え、職場全体で活用していくための優れた方法でもあるのです。したがって、それは、すでに述べたように、もっとも基本的なナレッジ・マネジメントの活動であるともいえるでしょう。

しかし、このウィークリー・メッセージは、さらには、職場のメンバー一人ひとりが身につけている「言葉にならない智恵」（ノウハウ）を互いに学びあうための有効な方法にもなっていくのです。

さきほど、メール反省会は、職場のメンバーが経験をつうじて無意識に身につけた「言葉にならない智恵」を、自分自身で明確に「自覚」するために有効であると述べました。これに対して、ウィークリー・メッセージは、その「言葉にならない智恵」を、他のメンバーから「学ぶ」ために有効なのです。

しかし、ウィークリー・メッセージを、そうした方法として活用していこうとするならば、マネジャーは、さらに深く、職場のメンバーの「こころの問題」に関わっていかなければなりません。

第5章

智恵はひそやかに伝わる

ウィークリー・メッセージと智恵

智恵はひそやかに伝わる。

毎週、ウィークリー・メッセージを読んでいると、ふと、そんなことを感じる瞬間があります。

すでに述べたように、ウィークリー・メッセージをつうじて、メンバーは、それまで言葉にしていなかった「知識」（ナレッジ）を、少しずつ、言葉にして表現するようになります。そして、そのことによって、一人ひとりの持っている知識をお互いに学びあうようになっていきます。

しかし、ウィークリー・メッセージをつづけていると、不思議なことに、言葉にすることのできる知識だけでなく、言葉にならない「智恵」（ノウハウ）も、お互いに学びあうようになっていくのです。

こうしたことをいうと、読者からは、「いや、そもそも言葉にならない智恵は、ウィークリー・メッセージなどによっては、伝えることができないのではないか？」という疑問の声があがるかもしれません。

たしかに、そうです。言葉にならない智恵を、直接的に文章にして伝えることはできません。しかし、ある間接的な方法で、ウィークリー・メッセージは、言葉にならない智恵を伝えることができるのです。それが、私たちの職場で起こっていることです。

では、それは、どのような方法によってでしょうか？

体験を語ること

「体験を語る」ことによってです。

なぜならば、ノウハウとは、そもそも、「体験」をつうじて身につけるものだからです。ある体験を重ねることによって、身体的に学びとられるものだからです。ノウハウが、「体験の知」や「身体性の知」と呼ばれるのは、そのためです。そして、ノウハウというものが、直接的に言葉にして表し、誰かに伝えることができない理由は、まさに、そこにあります。

したがって、ある人間が他の人間に対してノウハウを伝えるためには、ノウハウの「内容」そのものを伝えようとすることは正しくありません。

そうではなく、ノウハウをつかみとった「体験」を伝えることがもっとも正しい方法なのです。

たとえば、ビジネスの世界では、「顧客の気持ちを読むことが大切だ」と、しばしばいわれます。そして、「顧客の気持ちを読む」ためのノウハウは、きわめて大切なノウハウであると考えられています。しかし、では、いったいそれはどのようなノウハウであるかについては、誰も教えてくれません。いったいどうすれば、顧客の気持ちを読むことができるのかについては、誰も教えてくれないのです。

なぜならば、それは本来、言葉で表すことができないものだからです。もし、それを無理に言葉にして教えようとすると、実に陳腐なものになってしまいます。ひどい場合には、「顧客が眉をつりあげたら怒っている」「顧客が歯を見せたら喜んでいる」といったレベルの何の役にも立たない「マニュアル」のようなものを教えることになってしまうのです。

したがって、こうしたノウハウについては、その「内容」を直接的に伝えようとするのではなく、それをつかみとった「体験」をこそ伝えるべきなのです。すなわち、「顧客の気持ちを読むためのノウハウとは何か？」を直接的に教えるのではなく、「こうした体験をつうじて、顧客の気持ちを読むためのノウハウを身につけることができた」という体験談をこそ語るべきなのです。

たとえば、「顧客が語った言葉の余韻に耳を傾ける修練をしていたら、なぜか、顧客の気持ちを読むことができるようになった」や「顧客を見送るとき、目と目をあわせて挨拶をする習慣を身につけてから、少し顧客の気持ちが読めるようになった」などの体験談を語るべきなのです。そして、そうした体験談を聞いたメンバーが、今度は自分なりの工夫をし、みずからに修練を課し、日常の習慣を身につけ、実際に顧客と接する体験を積み重ねていったとき、自然に顧客の気持ちを読むためのノウハウを身につけていくことができるのです。

体験の方法

しかし、このとき大切なことは、「自分なりの工夫」をすることです。

他のメンバーから体験談を聞いたメンバーは、その体験をただ機械的に真似するのではなく、「自分なりの工夫」をしなければならないのです。

なぜならば、ノウハウをつかみとるプロセスというものは、そもそも「個性的」なものだからです。ノウハウとは、体験をつうじて身につけることができるものですが、それを身につけるために役立つ体験は、そのメンバーの個性や力量によって違うのです。

たとえば、人の話を深く聞くことが得意なメンバーには、「顧客が語った言葉の余韻に耳を傾ける修練」が向いているかもしれません。しかし、何かを直観的につかむことの得意なメンバーには、もしかしたら、「顧客を見送るとき、目と目をあわせて挨拶をする習慣」が向いているのかもしれません。

だから、ノウハウを身につけるためには、まず、多くの人々からさまざまな体験談を聞き、それらのなかから、自分の個性と力量にもっともあった体験を見出し、さらにそれに「自分なりの工夫」をして体験を重ねていかなければならないのです。

では、「自分の個性と力量にもっともあった体験」を見出すためには、どうすればよいのでしょうか?

ここで大きな問題となるのは、そもそも、多くの人々は自分の個性と力量をよく知らないということです。こんなことをいうと読者からは、「いくら何でも、そんなことはないだろう」という声があがりそうですが、私自身も含めて、残念ながらそれが人間の真実です。だから、古来、「己を知る」という言葉が、修行や修練における大切な警句となってきたのです。

では、どうすればよいのでしょうか?

胸に落ちる体験談を見出すことです。

すなわち、まず、個性も力量も違う多くの人々から、さまざまな体験談を聞くことです。そして、そうした体験談を聞いているうちに、あるとき、胸にストンと落ちる体験談があるでしょう。もしくは、なぜか興味を惹かれる体験談があるでしょう。それが、おそらく、あなたの個性と力量にあった体験です。だから、その体験談のなかにある「体験の方法」から出発して、自分なりの工夫をした「体験の方法」を生み出していくべきでしょう。

しかし、では、どのようにして、個性も力量も違った多くの人々の体験談を聞くことができるのでしょうか?

体験談の共有

ウィークリー・メッセージの一つの役割は、そこにあります。

私たちの職場のウィークリー・メッセージでは、多くのメンバーが、仕事や生活や趣味におけるさまざまな体験談を語っています。もちろん、そのなかには「失敗談」も多いのですが、「敗北した軍隊は良く学ぶ」という言葉どおり、メンバーは、そうした失敗の体験をつうじてさまざまな智恵を学び、ノウハウをつかんでいます。そして、ウィークリー・メッセージにおいては、そうした「何かの智恵を学んだ体験」や「何かのノウハウをつかみとった体験」が、さまざまな形で語られるのです。

たとえば、Uさんは、しばしば、かつての大学時代のスポーツ部での体験を語ります。そのスポーツに上達するために、どういったトレーニングをしてきたかというコツを語るのです。しかし、それはたしかにスポーツのトレーニングにおけるコツの話なのですが、よく読んでいると、それが仕事のスキルを向上させるための修練のコツと深くつながっていることがわかってきます。だから、そのメッセージは、スポーツの体験のことを語っているのですが、他のメンバーにとっては、仕事の面でも大いに学ぶことのできるメッセージなのです。

そして、私たちの職場では、他の多くのメンバーも、ウィークリー・メッセージにおいて、こうしたさまざまな体験談を語ります。そのため、メンバーは、他のメンバーの語るさまざまな体験談を読み、無意識に、そうした体験談と過去の自分の体験を重ねあわせ、そうした体験談をヒントにして自分の個性や力量に合った「体験の方法」をつかみとっていくのです。

こころの姿勢と体験

しかし、このようにして、ウィークリー・メッセージで互いの体験談を語りあい、そうした体験談から「体験の方法」を学びあうとき、もう一つ、学びあうべき大切なことがあります。

それは、体験をするときの「こころの姿勢」です。

実は、この「こころの姿勢」や「こころの置き所」が誤っていると、いかに貴重な体験をしても、それが、ノウハウとして身につかないのです。

たとえば、「顧客が語った言葉の余韻に耳を傾ける修練をする」や「顧客を見送るとき、目と目をあわせて挨拶をする習慣を身につける」などのアドバイスをしても、そのメンバーのこころのなかに、「顧客の心理を見抜いてうまく動かしてやろう」などの操作主義的な気持ちや、「顧客によい印象を与えて気に入ってもらおう」などの打算的な気持ちが強くあると、そうしたノウハウは決して身につかないのです。なぜならば、エゴに振り回された雑念は、直観力や洞察力を曇らせるからです。

したがって、私たちがある体験をつうじてノウハウを学んでいくとき、もっとも大切なものは、実は、「体験の方法」ではなく、体験するときの「こころの姿勢」や「こころの置き所」なのです。それは、言葉を換えれば、古くから「心得」と呼ばれているものでもあります。

そして、こうした「こころの姿勢」や「こころの置き所」を互いに学びあうためにも、このウィークリー・メッセージが、大切な役割をはたしているのです。

自省的なメッセージ

たとえば、Vさんのウィークリー・メッセージは、そうした「こころの姿勢」や「こころの置き所」という点で、いつも学ぶことの多いメッセージです。

なぜならば、Vさんのメッセージは、いつも「自省的」なメッセージだからです。

彼は、しばしば、ウィークリー・メッセージにおいて、仕事のうえでの体験を語ります。顧客との折衝で体験したトラブル、そのトラブル処理において学んだことなどを、メッセージとして送ってくるのです。そして、そうしたメッセージの最後には、ほとんどかならず、自分自身の「こころの姿勢」や「こころの置き所」についての自省的なコメントが述べられているのです。

こうした自省的なメッセージを読んでいると、私は、なぜか自然にVさんの問題を自分自身の問題として考えてしまいます。Vさんの一つひとつの言葉が、自分自身の問題を指摘しているように思われてくるのです。しかし、もとよりVさん自身には、こうしたメッセージによって、職場のメンバーに何かを学ばせようという意図はまったくありません。それにもかかわらず、私だけでなく、こうしたメッセージを読むメンバーの多くは、大切な何かを学びとっているようです。

いや、おそらく、正確にいえば、このVさんのメッセージが、「何かを学ばせよう」「何かを教えてやろう」という意図が感じられない真摯なものだからこそ、職場のメンバーは、そのメッセージから謙虚に学ぼうという気になるのでしょう。たしかに、Vさんのメッセージからは、Vさん自身の「成長したい」という願いのようなものが伝わってきます。

しかし、私の職場では、こうした自省的なメッセージを発信するメンバーは、ひとりVさんだけではありません。他にも多くのメンバーが、こうした成長への願いに満ちたメッセージを発信しています。さらに、一方で、こうした他のメンバーのメッセージから、何かを謙虚に学ぼうとする空気や雰囲気が、職場のなかにあります。その空気や雰囲気というものは、おそらく「自省的な職場文化」とでも呼べるものかもしれません。

そして、メンバーが、他のメンバーのウィークリー・メッセージから、「こころの姿勢」や「こころの置き所」を学んでいくために大切なものは、何よりも、こうした「自省的な職場文化」にほかならないのです。

自省的な職場文化

では、どうすれば、職場のマネジャーは、こうした「自省的な職場文化」を生み出していくことができるのでしょうか？

ここまでウィークリー・メッセージという方法について読んでこられた読者のなかには、こうした問いかけに対して、「それには、マネジャーが自省的なメッセージを書くことだ」と考える方がいると思います。すなわち、職場のメンバーに対して、マネジャー自身が、率先して自省的なメッセージを発信することが大切であると考えてしまうのです。

しかし、それはかならずしも正しくありません。

そもそもウィークリー・メッセージが始まったばかりのときに、マネジャーがそうした「自省的」なメッセージを意図的に書きつづけたならば、他のメンバーは、ただ気が重くなるだけです。それは、無意識にメンバーの自由なメッセージの発信を抑圧し、暗黙に自省的なメッセージを書くことを強要することになってしまいます。

そして、こうした「教えてやろう」「学ばせてやろう」という人為的な意図の強いメッセージは、決してメンバーの共感を呼ぶことはないでしょう。それは、むしろメンバーから内心の反発を買い、結果として、「自省的な職場文化」を壊してしまうことさえあるでしょう。

では、どうすればよいのでしょうか？

読むときの「こころの姿勢」

「書く」のではなく「読む」ことです。

「自省的なメッセージを書く」のではなく、「自省的にメッセージを読む」ことです。

すなわち、まず、「メンバーのメッセージから何かを学ばせてもらおう」という自省的で謙虚なこころの姿勢で、メンバーから届くメッセージの一つひとつを丹念に読むことです。まちがっても、ウィークリー・メッセージを読むとき、「メンバーを観察してやろう」とか、「メンバーの問題を発見してやろう」といった批判的な姿勢や傲慢な姿勢で、それらを読むべきではありません。

しかし、もしそのように「自省的にメッセージを読む」ということができるようになったならば、黙っていても、そのマネジャーの書くメッセージは、自省的になります。「自省的なメッセージを書く」ことができるようになります。

だから、マネジャーにかぎらず、職場のメンバーがウィークリー・メッセージを書くときに大切なことは、あまり「誰かに読ませてやろう」という意識を過剰にして書かないことです。特に、マネジャーの立場にある人間のこころのなかには、つねにメンバーに対して、何かを「教えてやろう」「学ばせてやろう」という意図や意識があります。しかし、もしマネジャーが、本当に「自省的な職場文化」が生まれることを望むならば、そうした人為的な意図や過剰な意識は捨てなければなりません。

私のささやかな経験では、マネジャーがウィークリー・メッセージを書くときには、メンバーに対するメッセージとしてではなく、むしろ、自分自身へのメッセージ、すなわちモノローグ（独白）として語るという「こころの姿勢」が望ましいように思われます。そして、そのモノローグが真に自省的なものであるならば、他のメンバーは、自然にそのメッセージから何かを学んでくれるでしょう。

ウィークリー・メッセージに表れる「自省的な職場文化」とは、本来、そうしたものであると思います。すなわち、「こころの姿勢」や「こころの置き所」などに関わるもっとも深い学びは、メンバーからメンバーへの教訓的なメッセージによって伝えられるものではなく、メンバーどうしが、互いの自省的なメッセージに耳を傾けることによって伝わっていくもののようです。

すでに述べたように、ウィークリー・メッセージというものが「深層対話」であることを忘れてはなりません。そもそも、そうであるからこそ、自分の失敗の体験や、自身の内面の問題を深く語ることができるのです。

そして、そうであるからこそ伝えられる「何か」があるのです。

成長の場が生まれるとき

このように、ウィークリー・メッセージにおいてメンバーの自省的なメッセージが自然に生まれてくるためには、何よりも、マネジャー自身が自省的でなければなりません。その意味では、まず、ウィークリー・メッセージにおいて、誰よりも虚心に自分自身を内省し、そして、誰よりも率直に自分自身を表現すること。マネジャーにとって、そのことがとても大切であると思われます。

しかし、「自省的であること」に加えて、マネジャーには、もう一つ大切な「こころの姿勢」が求められます。ウィークリー・メッセージによる「自省的な職場文化」が生まれてくるためには、マネジャーに、もう一つ大切なことが求められるのです。

それは、メンバーの成長意欲を高めることです。

なぜならば、「自省的な職場文化」とは、メンバー一人ひとりが「成長したい」と強く願いつづける場にこそ生まれてくるからです。

そもそも、もし、その職場に集まるメンバーが、職業人としての成長、もしくは人間としての成長への強い意欲を持たなければ、そのウィークリー・メッセージが「自省的なメッセージ」になることもなければ、職場に「自省的な文化」が生まれてくることもありません。

では、どうすれば、マネジャーは、職場のメンバーの成長意欲を高めていくことができるのでしょうか？

これも、答えは明らかです。

マネジャー自身が、成長を願いつづけることです。

すなわち、マネジャー自身が職場において、誰よりも成長したいと願いつづけ、そして、できることならば、実際に、誰よりも成長しつづけることです。

なぜならば、マネジャー自身が強い成長意欲を持ち、成長している職場においては、黙っていても、そこに「成長の場」とでも呼ぶべきものが生まれてくるからです。そして、その成長の場においては、自然に職場のメンバーの成長意欲は高まっていくからです。

いわば、成長したいと願って努力しつづけるマネジャーの後ろ姿から、メンバーは、成長することの喜びを無意識に感じとっていくのです。

そして、このようにしてマネジャーとメンバーが成長意欲を共有し、成長の喜びを共感する場においてのみ、自省的な職場文化が生まれてくるのであり、そうした職場文化のなかでこそ、智恵はひそやかに伝わっていくのです。

第6章

書くことによるこころの成長

ウィークリー・メッセージとこころの成長

書くことによって、こころは成長していくのでしょうか？

ある時期、ウィークリー・メッセージを読みながら、そんなことを考えさせられました。

それは、しばらく前ですが、毎週、Wさんからのウィークリー・メッセージを、少し心配な気持ちで読みつづけた時期です。そのころのWさんの毎週のメッセージからは、何か「こころの苦しみ」のようなものが伝わってきていました。

それが具体的に何であるかは、私にもわからないのですが、おそらくプライベートな問題でWさんが苦しんでいることだけは、そのメッセージのニュアンスからわかるのです。かなり婉曲な表現なのですが、家庭内で何か小さな摩擦があることや、自分に対する嫌悪感に苦しんでいる様子、こころの救いを求めるような表現、そうしたことが読みとれるメッセージなのです。

しかし、不思議なことに、日常、職場ですれ違うWさんの姿には、そうした内面に抱えている苦しみは表れていません。それは、やはりWさんの強さなのでしょうか。

こころに抱えている重荷を、けっして仕事や仲間への迷惑にはしないようにしているその気持ちが伝わってくるようです。

こころの成長のプロセス

しかし、こうしたメッセージが届いても、ひとりのマネジャーとして、Wさんと面接したり、対話したりするわけではありません。それは、メンバーのプライバシーには介入しないという私の信条が一つの理由なのですが、もう一つ大切な理由があります。

それは、メンバーが仕事や生活の問題で壁に突き当たったとき、それが「こころの問題」である場合には、いたずらに介入することなく静かに見守っていると、かならずといってよいほど自分自身の力で乗り越えていくからです。

そうしたプロセスは、そのメンバーの何週間かのウィークリー・メッセージを見ていると、わかります。もちろん、それらのメッセージに、はっきりと何かが書かれてあるわけではないのですが、文字どおり「行間」から伝わってくるものにこころを開いて読んでいると、そのメンバーが、自分自身の力で問題と対峙し、苦しみと格闘し、こころの成長へと向かっていくのがわかるのです。

しかし、このように、メンバーが仕事や生活においてさまざまな「こころの問題」に直面しながらも、自分の力でそれを乗り越え、ひとりの職業人として、また、ひとりの人間として成長していくプロセスをみていると、そこには、私たちの職場のウィークリー・メッセージというものが果たしている大切な役割があるように思われます。

すなわち、メンバーが、仕事や生活において「こころの問題」に直面したとき、ウィークリー・メッセージを書くことによって、その問題を深く見つめ、自分の力で問題を解決していくのです。いわば、メッセージを書くことによって、こころの成長を遂げているように感じられるのです。

日記とウィークリー・メッセージの違い

たしかに、私たちは、書くことによって自分を表現し、自分を表現することによって、こころの成長を遂げていくことがあるようです。

たとえば、誰にでも、学生時代に日記をつけた経験があるのではないでしょうか。日記をつけることは、自分の気持ちを正直に表現し、それをもう一人の自分が読むという行為ですが、それは、その時代のこころの成長にとって、やはり何か大切な意味をもっていたように思われます。もとよりそれは、一人だけの孤独な営みなのですが、そうして自分自身と対話するという習慣は、私たちのこころの力を高めてくれたように感じます。

そうした意味では、生活において日記を書く習慣がこころの成長の糧となるように、職場においてウィークリー・メッセージを書くという習慣もまた、こころの成長の糧となっていくようです。

しかし、少し正確にみつめると、日記を書く習慣と、ウィークリー・メッセージを書く習慣とは、大きく異なった側面を持っています。

それは、ウィークリー・メッセージには、日記と違って「読者」がいるということです。

そして、このことが、きわめて大切な違いのように思われます。

では、なぜ、この違いが大切なのでしょうか?

そのことを、少し深く考えてみましょう。

毎日顔をあわせる「読者」

たとえば、私の職場のウィークリー・メッセージでは、「読者」とは、同じ職場の数十名のメンバーを意味しています。

しかし、たとえわずか数十名といえども、自分の書いたメッセージを読んでくれる人がいるということは、書く側にとっては大きな意味を持っています。それは、自分自身しか読む者のいない日記とは、その表現の意味が根本的に違ってくるのです。

その違いをうまく説明することは難しいのですが、あえていえば、日記に比べて自分のこころを客観的にみつめる意識が強くなるということでしょうか。自分以外の誰かが読むということが、メッセージを書き、自分を表現するときに、自身を少し冷静に外からみつめる意識を持たせるのです。そして、それが、ある種の「セルフ・カウンセリング」の役割を果たしているのかもしれません。

しかし、「読者」という意味では、ウィークリー・メッセージは、もう一つ大切な特長を持っています。それは、その「読者」が、同じ職場で毎日顔をあわせ、その人柄や個性を知っているメンバーであるということです。そして、この特長は、いわゆる「出版」という表現手段とは、また、根本的に違った特長なのです。

たとえば、エッセイを書いて出版するということと、エッセイ的なウィークリー・メッセージを書いて職場のメンバーに発信するということは、単に、その読者の数が違うというだけでなく、まさにこの点が決定的に違っているのです。その読者が、その人柄や個性を知っており、毎日顔をあわせるメンバーであるということに、大きな意味があるのです。おそらく、そのことによって、ウィークリー・メッセージでは、不特定多数の人々に読まれる出版に比べると、より率直に心情を述べた表現ができるのでしょう。

そう考えるならば、このウィークリー・メッセージとは、ある意味で、日記と出版の中間にある表現手段であるといえます。

すなわち、それを読む読者がいるため、日記よりは客観的な意識で書くのですが、その読者が気心知れた読者であるため、出版よりは率直な気持ちを書きやすいのです。そして、ウィークリー・メッセージが、まさに日記と出版の中間的な表現手段であり、ちょうど「良い加減」の表現手段であるために、そこで、日記とも、出版とも違った「こころの成長」が生まれてくるように思われるのです。

「聞き届け」のマネジメント

このように、ウィークリー・メッセージには、読者がいて、その読者が気心の知れた職場の仲間であるということから、それを書くことが、ときにメンバーの「こころの成長」につながってくるように思われるのですが、私のささやかな経験では、それが、「こころの成長」に結びついていくためには、もう一つ大切なことがあるように思われます。

すなわち、読者がいて、その読者が気心の知れた職場の仲間であるというだけでは、かならずしも、書くことが「こころの成長」につながらないように思われるのです。

では、もう一つの大切なこととは、いったい何でしょうか?


「聞き届け」です。


仲間どうしの「聞き届け」が大切であると、私は思っています。

すなわち、職場の他のメンバーが、そのメンバーのメッセージに真摯に耳を傾けるということです。対話に喩えていえば、聞く側が、ただ「聞く」だけでなく、みずからのこころの深くに届くように「聞き届ける」ことが大切であると思うのです。ウィークリー・メッセージの場合は、メッセージを、ただ「読む」だけでなく、「読み届ける」ということでしょうか。

そして、私は、その職場のなかで、メンバーのウィークリー・メッセージをもっとも真摯に「聞き届ける」べきは、その職場のマネジャーであると考えています。

このことはきわめて大切なことです。

ウィークリー・メッセージが、それを書くメンバーの「こころの成長」に結びついていくためには、その職場のメンバーのなかに、他のメンバーのメッセージを真摯に「聞き届け」ようとする空気や雰囲気が不可欠であるといいました。

しかし、職場にそうした空気や雰囲気が生まれるためには、やはり、誰よりも、その職場の中心にいるマネジャーが、その「聞き届け」の姿勢を持っていなければならないのではないでしょうか。逆にいえば、マネジャーが、そうした「聞き届け」の姿勢を持っているならば、自然に、他のメンバーも、そうした「聞き届け」の姿勢を身につけてくるのではないでしょうか。

そして、私は、マネジャーのさまざまな役割のなかでも、この「聞き届け」という役割は、きわめて大切な役割であると思っています。

なぜならば、私は、マネジメントの役割とは、単に職場を効率よく運営することや、業務の目標を達成することだけではないと考えているからです。

これからの時代には、職場のメンバーの「こころの成長」を支えることが、マネジャーに求められる大切な役割になっていくのではないでしょうか？

いや、過去を振り返ってみても、実は、すぐれたマネジャーは、そのことを意識的にも、無意識的にも行っていたのではないでしょうか？

「かたち」による介入

そうした意味で、マネジャーにとって、メンバーの声を「聞き届ける」ということは、大切な役割であると思いますが、しかし、最初に申し上げたように、「聞き届ける」ということは、決して「介入する」ということを意味していません。

たとえば、ウィークリー・メッセージで婉曲に「こころの問題」を伝えてきたメンバーに対して、すぐにマネジャーが「励ましメール」を送ったり、ただちに「面接」を行ったりするということは、かならずしも、正しい方法ではないように思われるのです。

なぜならば、これは、「こころの問題」だからです。

「こころの苦しみ」を伝えてきたメンバーに対して、何らかの「かたち」、すなわち「メール」や「面接」で応えることは、かならずしも正しい支援であるとは思えないのです。

むしろ、ここで私たちが深く理解すべきは、「こころの問題」に対しては、「こころ」で応えるということです。そのメールを読んだ私たちが、そのメンバーに対して、どのような共感を抱き、どのような思いを持つか。そのことこそが、もっとも大切なことのように思われるのです。そして、そのメンバーに対して、そうした共感を抱き、思いを持つことができるならば、「かたち」そのものは、どちらでもよいようにさえ思われるのです。

私たちが、本当にそうした共感と思いを持つことができるならば、ときに、そのメンバーと職場ですれ違っただけで「何か」が通いあうことがある。ときに、一行のメールだけでも「何か」が伝わることがある。「こころの問題」とは、そうした世界であると感じられてならないのです。

しかし、現代は、私たちにつねに具体的な「かたち」を求めます。「かたち」に表れないものの意味や価値を認めない風潮が、現代の職場にはあふれているのです。そして、そうした風潮こそが、いま、私たちの職場を空虚なものにしてしまっているのではないでしょうか。

こころのエネルギー

だから、そうした風潮のなかで、私たちは、「かたち」を示すことによって、むしろ、自分自身の「安心」を得ようとしてしまいます。「かたち」に表すことによって、「こころ」を示したという安心を得ようとしてしまうのです。もちろん、それは、私たち自身が気がつかない無意識の世界においてなのですが。

だからこそ、メンバーの抱えている「こころの問題」に対して、マネジャーは安易な精神で介入すべきではないと感じるのです。なぜならば、メールや面接、さらには、飲みに連れて行くなどの「かたち」によって介入をはじめたとたんに、私たちマネジャーの無意識に「安心」が生まれてしまうからです。マネジャーとしてメンバーの問題に対して自分の「こころ」を示したという無意識の安心感が生まれてしまうからです。

しかし、その安心感こそが、私たちマネジャーにとっての「落とし穴」なのではないでしょうか。

なぜならば、私たちは、その安心感を得ることによって、無意識に、楽になってしまうからです。たとえば、飲みながら話を聞くことによって、「メンバーの気持ちを聞いてあげた」と思い、そうした「かたち」を示すことによって、「こころ」が楽になってしまうのです。

しかし、実は、マネジャーは、本当は、「こころ」が楽になってはいけないのです。

なぜならば、「聞き届ける」ということは、ある意味で、「こころで支える」ということだからです。そして、メンバーのメッセージに耳を傾け、その声を聞き届け、メンバーをこころで支えるためには、それを聞く側に、大きな「こころのエネルギー」が求められるからです。

問題に直面しているメンバーをこころで支えるということは、外見的には何もしていないようですが、実は、きわめて大きなこころのエネルギーを使うことであり、それは、精神的には決して楽ではないことなのです。したがって、こうした場面でマネジャーは、本当は、こころが楽になってしまってはならないのです。むしろ、決して楽にならず、こころのエネルギーを尽くして、メンバーを支えなければならないのです。

しかし、そのこころのエネルギーを持たないマネジャーは、わかりやすい「かたち」に流れます。「かたち」に表すことで無意識に楽になろうとしてしまいます。それが、「彼を飲みに連れていって話を聞いてやった」「彼女の相談に乗ってやった」といったスタイルです。しかし、どれほど話を聞いても、相談に乗っても、そのマネジャーにこころのエネルギーがなければ、その話を深く聞き届けることはできません。

そうしたマネジャーは、多くの場合、話を聞いていても、いつのまにか「耳は聞いているけれども、こころは聞いていない」という状態になってしまうのです。そして、結局、メンバーの直面している問題について、処世訓的なアドバイスをするという表層的な対応しかできなくなってしまうのです。いや、そもそも、こちらがこころのエネルギーを尽くして聞き届けようという姿勢を持たないかぎり、メンバー自身も、いかに面接を行い、飲みに連れていっても、決してこころの深くにある声を語ろうとはしないのです。

「こころの苦しみ」と「精神の深み」

しかし、決して、誤解をしないでください。

私は、「こころの苦しみ」を抱えているメンバーに対して、「決して介入するな」といっているのではないのです。

「安易な気持ちや姿勢で介入をすべきではない」といっているのです。

なぜならば、安易な介入は、かえって、そのメンバーのこころの成長を妨げることがあるからです。

たとえば、悩みに直面しているメンバーを、あるマネジャーが飲みに連れていったとします。そうしたマネジャーの意図たるや、きわめて善意なのですが、そのマネジャーにメンバーの苦しみの声を深く聞き届けようとする気持ちや、その悩みを一緒に悩み抜こうという姿勢がなければ、どうしても、アドバイスが表層的なものに流れてしまいます。そして、アドバイスの内容も、しばしば、そのマネジャーの解釈を無意識に押しつけるものとなってしまいます。

そうしたアドバイスの問題は二つあります。一つは、そのメンバーが本来みつめなければならない問題の深みから、目をそらせてしまうことです。もう一つは、その問題の解釈は、あくまでもそのメンバー自身の判断によってなされるべきであるにもかかわらず、他人の解釈が強く入ってくることです。

しばしば、メンバーが「マネジャーに話を聞いてもらって、少し気が楽になった」というときがあります。

この言葉は、すこし悩ましい言葉なのです。

なぜならば、このメンバーの言葉を額面どおり受けとめれば、そのマネジャーがメンバーの「こころの苦しみ」を軽減してあげたことを意味しているのですが、それがかならずしも、そのメンバーにとってよいこととは限らないからです。

それは、こうした「こころの問題」においては、メンバーが自分自身の「こころの苦しみ」と正対しなければならないときがあるからです。誰の助けもかりず、その苦しみと正対し、問題の深みへと降りていかなければならないときがあるからです。そして、その問題に対する解釈を、自分自身のこころの軋《きし》みのなかから紡ぎ出さなければならないときがあるからです。

ときに、メンバーは、そうした苦しみと正対することによって、精神の深みへと向かっていくことがあるのです。

だから、マネジャーは、メンバーにとって、いわば「楽になってはいけないとき」というものがあることを理解しなければなりません。マネジャーや先輩メンバーと一緒になって、うさを晴らしたり、気分を転換したりすることで、目をそむけてはいけない問題があるように思うのです。

もちろん、メンバーがそうした問題に直面して苦しんでいる姿を見守ることは、決して楽ではありません。よほど、介入をして、アドバイスをするか、人生訓でも述べるかしてあげるほうか楽である。そう思う瞬間があります。しかし、それでは、メンバーの精神は、決して深みに向かっていかないのです。

マネジャーの祈り

だから、メンバーが苦しむとき、マネジャーも一緒になって苦しまなければならないのです。

そして、これからの時代のマネジャーの大切な役割は、メンバーと一緒になって苦しむことではないかとさえ思われるのです。そうしたことによってしか、職場のメンバーのこころの成長を支えることはできないように思われるのです。

しかし、それは決して、マネジャーにとって報われない営みではありません。なぜならば、メンバーのこころの成長のプロセスとは、深くみつめるならば、そのマネジャー自身のこころの成長のプロセスにほかならないからです。

しかし、そうであるとしても、やはり、こころの苦しみに直面するメンバーを、何もせずにみつめることは、決して楽ではありません。

だから、そのとき、マネジャーを支えるものは、たった一つの信念ではないでしょうか。

人間には、いかなる状況においても、みずからのこころを癒し、そして、みずからのこころを成長させていく力がある。

そのことに対する信念でしょうか。

いや、それは、もしかしたら信念ではなく、祈りに近いものなのかもしれません。

だから、ウィークリー・メッセージにおいて、書くことによってみずからのこころの成長を遂げていくメンバーを見るとき、マネジャーは、そうした祈りがかならず届くことを感じ、そのことによって癒されるのです。

第7章

こころの生態系をみつめて

ウィークリー・メッセージとこころの生態系

「こころの生態系」をみつめること。

そして、「こころの生態系」の成長を支えること。

それが、新しい時代のマネジャーの役割になっていくのではないだろうか。

こうしてウィークリー・メッセージをつづけていると、そうした考えが浮かんでくるのです。

さきほど、メンバーの「こころの成長」を支えることがマネジャーの役割であるといいました。たしかに、それは、マネジャーの大切な役割であると思います。しかし、これからの時代には、「こころの生態系」の成長を支えることも、もう一つの大切な役割になっていくように思われるのです。

ここで、「こころの生態系」とは、グレゴリー・ベイトソンの「精神の生態学」という思想に学びつつ、私が提案する新しい言葉ですが、わかりやすく述べるならば、多くの人々の「こころ」が複雑に結びついて生まれる一種の「エコシステム」（生態系）のことです。そして、この「こころの生態系」は決して目には見えないものですが、昔から人間が集まるところにはかならず生まれ、存在していたものであり、それは、職場などにおいては、しばしば、雰囲気や空気、さらには文化といった形で、私たちに感じられていたものです。

したがって、昔から、優れたマネジャーは無意識に、職場の空気や雰囲気、そして文化などの変化を、敏感に感じとることによって、「こころの生態系」をみつめ、その成長を支えていたように思われるのです。

たとえば、そのことを象徴する言葉に「ＭＢＷＡ」という言葉があります。

ＭＢＷＡとは、Management by Wandering Around の略ですが、読んで字のごとく、職場を徘徊することによるマネジメントのことです。すなわち、ぶらぶらと職場を歩き回りながら、さまざまなメンバーと雑談をすることによって、その職場の空気や雰囲気の変化を感じとり、その職場に潜在する問題を直観的に把握するマネジメント手法のことです。

これは、英語であることに示されるように、アメリカの企業において用いられている手法ですが、無意識にこうしたマネジメント手法をとっているマネジャーは、アメリカだけでなく、日本の企業においてもしばしば見かけます。

かつて、私の勤めていた企業にも、いつも職場のあちこちを歩き回り、メンバーと雑談をしている上司がいましたが、あるときその上司と二人で飲みにいったとき、その上司が、職場のメンバー一人ひとりの状況はもとより、職場全体の空気や雰囲気について、驚くほどによく把握していたことを思い出します。

このように、ＭＢＷＡというマネジメント手法は、熟練のマネジャーにとっては、きわめて役に立つ優れた手法なのですが、一つだけ問題があります。それは、この手法をとるマネジャーは、周囲から見ていると、ただぶらぶらと職場を歩き回り、メンバーと雑談をし、単にひまつぶしをしているだけに見えてしまうことです。そして、困ったことに、最近の職場には、ＭＢＷＡをやっているようにみせかけながら、文字どおり、ただぶらぶらと職場を歩き回り、メンバーと雑談をし、単にひまつぶしをしているだけのマネジャーも増えているのです。したがって、こうしたまぎらわしい状況において、賢明なマネジャーは、あまり安易にこの手法を用いないほうがよいかもしれません。

メッセージから感じる直観

冒頭から少し冗談めいてしまいましたが、このように昔から、熟練のマネジャーはＭＢＷＡなどの手法を用いて、職場の雰囲気や空気、そして文化などの変化を、敏感に感じとり、職場の「こころの生態系」をみつめていたのです。

しかし、面白いことに、ウィークリー・メッセージを続けていると、このMBWAと似た経験をすることがあります。

すなわち、毎週メンバー全員のウィークリー・メッセージを読み、メンバーのメッセージに深く耳を傾けているだけで、一人ひとりのメンバーの状況はもとより、職場全体の空気や雰囲気について、何かを感じることができるのです。そして、ときおり、職場に潜在する問題を直観的に感じるときさえあるのです。

たとえば、しばらく前に、こうしたことがありました。

Xさんのメッセージを読んでいると、なぜかピンと感じるものがあったのです。しかし、そのメッセージは、特にXさんが仕事で直面している問題を述べたものではありませんでした。むしろ、現在取り組んでいる仕事の目標や、将来のビジョンについて熱心に語っているメッセージだったのです。しかし、そのメッセージが、いつものXさんらしくないのです。Xさんにしては、そうした目標やビジョンについて語る言葉に、なぜか妙に力が入っているように感じられたのです。さらりと読み流せば、それだけのメッセージなのですが、なぜかピンと感じるものがあったのです。

一方、同じ週のウィークリー・メッセージで、Yさんのメッセージは、非常に一般的な表現ですが、プロフェッショナルとしての仕事の難しさを述べていたのです。これを読んだとき、なぜか、さらにピンと感じるものがありました。なぜならば、Yさんは、Xさんのプロジェクトにメンバーとして参加しているからです。

そこで、私は仕事の時間の空いたとき、XさんとYさんを別々に部屋に呼び、プロジェクトはうまくいっているのかをたずねました。

すると、やはりピンと感じた直観はあまり外れていません。二人の口からは、それぞれ、いまプロジェクトが直面しつつある問題についての懸念が語られたのです。もちろん、それらの問題は、まだ具体的なトラブルを生み出しているわけではないのですが、潜在的なトラブル要因になりつつあったのです。二人は、それぞれの立場で、その潜在的なトラブル要因を感じており、その不安を何気なくウィークリー・メッセージの表現ににじませていたのです。

MBWAからMBICへ

実は、長年ウィークリー・メッセージという習慣をつづけていると、こうしたMBWAのような経験はいくつもあります。そのため、私は、それをMBWAになぞらえて、「MBIC」、すなわちManagement by Internet Communityと呼んでいます。これは、職場のメンバーが集まってつくりだす「ネットコミュニティ」(Internet Community)において、メンバーが発するメッセージを読み、メンバーの声に深く耳を傾けているだけで、その職場の空気や雰囲気の変化を感じとり、その職場に潜在する問題を直観的に把握するマネジメント手法のことです。そして、ウィークリー・メッセージとは、ある意味で、そうしたMBICの具体的な方法にほかなりません。

そして、これからの時代には、これまでのMBWAに代わって、こうしたMBICという手法が重要になってくると思われます。

なぜならば、このMBICという手法は、これまでのMBWAという手法の抱えていた限界を超えることのできる手法だからです。

では、MBWAの限界とは何でしょうか?

一つは、MBWAを実施するには、それなりに時間がかかるということです。たとえ、それが仕事のためであるとはいえ、ぶらぶらと職場を歩き回り、多くのメンバーと雑談をしてまわるのは、やはりかなりの時間がかかります。そのため、このMBWAは、いかに直観力に優れていても、現代の多忙をきわめるマネジャーには実行しにくい手法となりつつあるのです。

これに対して、MBICは、それを実行するのにあまり時間がかかりません。私の場合は、月曜日の朝に数十名のメンバーから送られてきたメールを、数日間のうちに時間をみつけて目をとおすだけです。メールを読むのに慣れたマネジャーならば、それに必要な時間はせいぜい数時間でしょう。

こうした特長は、現代のマネジャーには、大きな救いとなります。なぜならば、職場のメンバー一人ひとりと雑談をし、メンバーの状況について知り、職場の空気や雰囲気を感じておきたいと思いながら、そのための時間がとれないことが、現代のマネジャーの慢性的な悩みだからです。したがって、このMBICが、それを実行するのにあまり時間がかからない手法であるということが、現代の忙しいマネジャーにとっては、大きな救いとなるのです。

MBWAの限界

もう一つは、MBWAは、現代の職場において進む「モバイル・オフィス化」や「ホーム・オフィス化」に対応できないということです。すなわち、職場を歩き回ろうにも、そもそも、その職場が空間的に無くなっているのです。また、マネジメントの対象となるメンバーが、そもそも職場にいなくなっているのです。

たとえば、現代の職場においては、営業マンはモバイル・パソコンを持って自宅から客先に直行することが多くなっています。また、私の職場では、海外出張が多く、メンバーの多くも、マネジャーの私自身も、海外にいることが多いのが実情です。そして、最近では、全社の各部門から横断的にメンバーが集まって運営されるバーチャル組織型のプロジェクトも増えています。さらに、日本企業においても先端的な職場では、米国のSOHO（Small Office Home Office）に学び、自宅勤務の形態をとりはじめています。

したがって、一つの職場空間にメンバーが物理的に集まって働くことを前提とするMBWAでは、こうした状況に対応できないのです。

これに対して、MBICでは、こうしたモバイル・オフィスやホーム・オフィスで働くメンバーとコミュニケーションすることが容易です。実際、私自身、海外出張中でもインターネットでウィークリー・メッセージを受信し、読んでいます。

たとえば、一緒に米国出張中のメンバーが、同じホテルの別な部屋から発信したウィークリー・メッセージが、日本のサーバー経由で太平洋を往復して私のモバイル・パソコンに届き、これを読むという不思議なことを行っている時代なのです。

MBICの可能性

このように、現代のきわめて多忙な職場や、モバイル・オフィスやホーム・オフィスが導入されつつある職場においては、これまでのMBWAという手法は限界に直面しつつあります。すなわち、マネジャーにとって、こうした手法で職場の「こころの生態系」の変化を感じとることは難しくなってきているのです。

しかし、不思議なことに、新しいシステムは、新しい「問題点」を生み出すと同時に、その「解決策」をも生み出すのです。「限界」を生み出すとともに、「機会」も生み出すのです。

すなわち、いま職場へ導入されつつある最先端の情報システムは、職場のマネジャーをますます多忙にし、職場をモバイル・オフィスやホーム・オフィスへと変えていくことによって、MBWAというマネジメント手法の限界を生み出していますが、同時に、MBWAという手法を超えた新しい手法が生まれる機会をも提供しているのです。

その新しい手法の一つが、ウィークリー・メッセージによるネットコミュニティを用いたMBICという手法にほかなりません。そして、このマネジメント手法は、これまでのMBWAという手法に代わるだけでなく、これまでMBWAではできなかったことを可能にするのではないかと思われます。なぜならば、この手法は、ＭＢＷＡに比べて、より明瞭に「こころの生態系」の変化を感じとることのできる手法だからです。

こころの生態系の成長

たとえば、ウィークリー・メッセージを読んでいると、一人ひとりは仕事以外のことをテーマに自由にメッセージを書いているのですが、それらのメッセージの全体からは、なぜか、職場全体の空気や雰囲気、さらには文化の変化がよく伝わってきます。

そして、こうしてウィークリー・メッセージを読みつづけ、長い期間、「こころの生態系」をみつめていると、ある不思議なことに気がつきます。

それは、一人ひとりの「こころ」と同じように、職場の「こころの生態系」そのものも、「成長」を遂げているということです。

そして、その成長のプロセスというものは、興味深いことに、やはり、個人の「こころ」の成長と同じプロセスをたどるようなのです。すなわち、「こころの生態系」もまた、「苦しみ」や「混乱」の時期を迎えることによって、それを乗り越え、成長していくのです。そして、それは、職場の「文化」の成長のプロセスであるともいえます。職場の文化そのものが、そうしたプロセスをたどることによって成長していくのです。なぜならば、職場の文化とは、職場の「こころの生態系」の状態を忠実に映し出しているからです。

文化的混乱とバランスの回復

したがって、二つの異なった文化を持つ組織が合流したときや、組織の文化に影響を与える大きな制度改革などを行ったときには、かならず、ある種の「文化的混乱」が起こります。「こころの生態系」にゆらぎが起こるといってもよいでしょう。

たとえば、二つの文化が合流するとき、そこに生まれてくるものは、それまでのどちらでもない、新しい文化です。もちろん、その影響力の違いによって、どちらかの文化の色彩の強い文化が生まれてくることもあるのですが、やはり、それなりに新しい文化が生まれてきます。

また、制度改革の後には、やはり新しい文化が生まれてきます。たとえば、競争原理を強く打ち出した制度のもとでは、それ以前の「ファミリー的」な傾向の強い文化に比べて、「プロフェッショナル的」な傾向の強い文化が生まれてくるわけです。

そして、このプロセスで、かならず文化的混乱が生じます。なぜならば、そもそも文化とは「生きたシステム」であり、生き物と同じように、ある種の「全体性」を持ったものだからです。言葉を換えれば、ある「バランス」のなかにあるからです。

しかし、二つの異なった文化が合流すると、まず、それまで形成されてきたそれぞれの文化のバランスが失われます。そして、その不安定な混乱のなかから、新しいバランスを持った新しい文化が生まれてくるのです。同様に、文化に影響を与える制度改革が導入されると、当初、制度と文化のミスマッチが生じ、やはり古い文化のバランスが失われます。そして、この場合も、やはり、その不安定な混乱のなかから、新しいバランスを持った新しい文化が生まれてくるのです。

「耳障り」なメッセージの意味

そして、こうした新しい文化の誕生、すなわち文化の成長のプロセスは、ウィークリー・メッセージを読んでいると、一人ひとりのメンバーのメッセージから伝わってきます。

すなわち、たとえば、職場の文化が混乱の時期にあるときには、メンバーのメッセージからは、それが直接的に職場の問題を語ってはいなくとも、やはり、何か、こころの混乱と苦しみが伝わってきます。

逆に、たとえば、若手のメンバーが増えて職場の文化が若返ろうとしている時期には、古いメンバーのメッセージにも新鮮な感性を感じさせるものが増えてきます。

そして、こうしてウィークリー・メッセージを読みつづけていると、興味深いことに、職場のメンバーのなかには、かならず、他のメンバーよりも早くそして敏感に「こころの生態系」の変化を肌で感じとり、それを無意識に反映したメッセージを送ってくるメンバーがいるのです。「プリカーサ」（先駆者）的なメンバーとでも呼ぶべきでしょうか。

そして、特に、職場の文化がバランスを失って混乱しているときには、こうしたメンバーのメッセージは、マネジャーにとって「耳障り」なニュアンスが含まれていることが多いのです。たとえそれが、職場や仕事のことを批判的に語ったり、マネジャーに対して注文をつけるようなものでなくとも、なぜか、耳に心地よく響くメッセージではないのです。

しかし、マネジャーにとっての大切な瞬間は、まさに、ここにあります。

なぜならば、こうしたメンバーのメッセージこそが、職場の「文化」の変化を敏感にマネジャーに教えてくれているからです。そしてそれは、職場の「こころの生態系」の変化を暗黙に教えてくれるメッセージでもあります。

高度な複雑系としての「こころの生態系」

ではなぜ、マネジャーは、こうした職場の「文化」の変化や、そこに表れる「こころの生態系」の変化を、敏感に感じとらなければならないのでしょうか？

それは、職場の「文化」や「こころの生態系」がメンバーの「こころ」に強い影響を与えてしまうからです。すなわち、「こころの生態系」とは、メンバー一人ひとりの「こころ」が集まって生まれてくるものなのですが、ひとたび生まれてきた「こころの生態系」は、逆に、メンバー一人ひとりの「こころ」に強い影響を与えてしまうのです。

こうしたプロセスは、現在の最先端の科学である「複雑系科学」（complexity science）の言葉でいえば、「創発」（emergence）のプロセスといってよいでしょう。

すなわち、多くの人間が集まる企業や市場や社会などは一種の高度な「複雑系」（complex system）であり、ものごとが複雑になると新しい性質を獲得するという「複雑性」（complexity）と呼ばれる性質を持っているのです。そのため、この複雑系は、個々が自由に自発的に動いているだけで、自然に全体の秩序が生まれてくる「創発性」という性質を持っています。

しかし、この創発性という性質の重要な側面は、ひとたび生まれてきた「全体の秩序」が、今度は、「個々の挙動」に強い影響を与えていくということなのです。言葉を換えれば、この創発性という性質は、「部分が全体に影響を与える」だけでなく、「全体が部分に影響を与える」という性質であり、この双方向的な性質が、きわめて重要な意味を持っているのです。

そして、「こころの生態系」というものが、きわめて高度な複雑系であり、このような強い創発性を示すことから、私たちマネジャーは、その「こころの生態系」を反映して職場に生まれてくる空気や雰囲気、そして文化というものについて敏感でなければならないのです。

新しい文化の誕生

たとえば、複雑系には、「摂動敏感性」というものがあります。わかりやすくいえば、部分のわずかな変化が全体の大きな変動をもたらすという性質です。そして、「情報敏感性」という性質もあります。小さな情報が共有されることによって、全体が大きな影響を受けてしまうという性質です。

そのため、「こころの生態系」という複雑系においては、一人のメンバーの「こころ」の状態が、職場全体にきわめて大きな影響を与えてしまいます。たとえば、あるメンバーがある心境で発信したメッセージが、職場のメンバー全体に強い影響を与えてしまうのです。

もとより、古くから「組織はリーダーがすべて」という言葉があるように、組織のリーダーや職場のマネジャーの「こころ」の状態や、その発する言葉が、組織や職場の全体に大きな影響を与えるという側面は昔からあったのですが、ここでいう意味は少し違います。それは、組織や職場のなかでもっとも若いメンバーや権限のないメンバーでも、そのメッセージをつうじて組織や職場の全体に大きな影響を与えてしまうという意味なのです。

そして、それが、まさにいま「情報革命」がもたらそうとしているものなのです。それが、情報化された企業の職場のネットコミュニティにおいて起こってしまう事態なのです。

たとえば、ウィークリー・メッセージにおいて、もっとも若い女性のメッセージが、職場の全体の雰囲気に大きな影響を与えることなど、私たちの職場では日常的に見受けられることです。そして、このことを、マネジャーは、決して、指揮系統や組織秩序が混乱するというように理解すべきではないでしょう。

何かが変わりつつあるのです。

これまでの日本の大企業などに典型的に見られた権限型リーダーシップやヒエラルキー型組織のありかたが、根本から変わりつつあるのです。そして、それこそが、いま情報革命が企業にもたらそうとしているものの本質にほかならないのです。

しかし、こうした時代において、多くのマネジャーは苦しみます。この変化に、どう対処すればよいかがわからないからです。自分が育ってきた古い企業の文化が、いま、まったく新しい文化へと変わろうとしているこの時期に、どう対処すればよいか誰も教えてくれないからです。

そして、それを誰も教えることができない理由は、この変化の先に何がやってくるか、誰も予測できないからです。しかし、それもまた、「予測不能性」と呼ばれる複雑系の性質であり、「こころの生態系」の性質なのです。

病むときは全体が病む

また、複雑系には、「分割不能性」という性質があります。全体が複雑かつ有機的に絡みあっているため、全体のなかから一部分だけを取り出して変えることができないという性質です。言葉を換えれば、機械の修理のように、おかしくなった部品だけを取り出して修理したり、その部分だけを取りかえるということができないのです。病気にたとえていえば、問題の部分だけを「治療」することができないということです。あくまでも、全体を「治癒」させることが求められるのです。

この性質は、「こころの生態系」という複雑系においては、しばしば、「病むときは，全体が病む」という性質として現れます。

たとえば、ときおり、私たちマネジャーは、職場の空気や雰囲気、さらには文化がおかしくなっていると感じるときがあります。そうしたときに、しばしば、マネジャーは、いわゆる「犯人探し」をしてしまいます。ある心境で職場を見つめていると、どうも職場の文化をおかしくしているメンバーがいるように感じられてしまうのです。そして、無意識に「彼のあの行動が職場の文化をおかしくしている」「彼女のあの態度が他のメンバーに悪影響を与えている」などと考えてしまうのです。

もちろん、職場における問題が、こうした特定のメンバーの行動や態度によって生まれてくることもあるのですが、マネジャーは、こうしたとき、少し冷静になって、職場の「こころの生態系」を深くみつめるように努めなければなりません。なぜならば、しばしば、そうした彼の行動や彼女の態度が、「原因」ではなく、「結果」であることがあるからです。すなわち、彼の行動や彼女の態度が、むしろ、職場の「こころの生態系」の混乱を反映して生まれてきているときがあるからです。

我がこころは石にあらず

最近、心理カウンセリングの世界においても、「家族療法」というものが注目されてきています。たとえば、学校に行きたがらない「不登校」の子供のカウンセリングをしていると、その子供の行動は、実は、家庭における父親と母親の葛藤を反映したものであったりします。そうしたとき、子供の「こころ」だけを取り出してきて癒すことは難しく、家族全体の「こころの生態系」が、同時に癒されなければ問題は解決しないことが多いのです。

もちろん、こうしたことは言葉で語るほど簡単なことではありません。そして、未成熟な子供をふくむ家族というものと、ある程度成熟した人々が集まる職場とでは、また大きく違った側面もあります。しかし、ここで私たちが理解すべき大切なことは、「こころの生態系」というものの持つ「全体性」です。

すなわち、それは、「分割」できないものなのです。繰り返しになりますが、「こころの生態系」とは、あたかも機械を修理するときのように、問題の部品を発見し、その部品だけを修理するということができないのです。家族という「こころの生態系」の全体がおかしくなっているとき、子供の「こころ」だけを取り出してきて、それだけを修理するということができないのです。

それにもかかわらず、私たちマネジャーは、無意識に、職場や組織というものを「機械」のように見たててしまいます。最近、経営学の分野で流行している「リエンジニアリング」や「リストラクチャリング」などという言葉に、つい影響を受けてしまうのです。生身の人間と人間のこころが集まった職場や組織でさえ、工学的な手法で、悪いところを見つけ出し、その部分を修理し、改良することによって、その「性能」を高められると考えてしまうのです。抜本的な設計変更と改造をすれば、その「性能」を飛躍的に改善できると考えてしまうのです。

こうした風潮をみていると、ときおり、私は、ふと「我がこころは石にあらず」という言葉を思い出してしまいます。「我がこころは機械にあらず」とつぶやきたくなるのです。

そして、たとえこれほど極端な機械論的な発想に陥ることはなくとも、私たちマネジャーは、西洋医学的な発想の過ちに、しばしば陥ってしまいます。

それは、端的にいえば「問題分析→原因究明→原因除去→問題解決」といった発想です。病気になったとき、その病気の原因を究明し、その原因を手術などによって除去すれば、病気が治るといった発想です。

しかし、「こころの生態系」とは、こうした西洋医学的な発想で対処すべきものではありません。それは、むしろ東洋医学的な発想によって処すべきものなのです。

すなわち、そもそも個別の問題が生まれてきているのは、全体のバランスが崩れているからであり、そのバランスを回復させれば、個別の問題はおのずと消滅するという東洋医学的な発想こそが求められるのです。言葉を換えれば、問題の部分だけを「治療」するという西洋医学的な発想ではなく、あくまでも、全体を「治癒」させるという東洋医学的な発想を大切にすべきなのです。

西洋医学的発想の限界

こうした発想転換が必要になるのは、さきほど述べた「分割不能性」という複雑系の性質があるためなのですが、もう一つの理由があります。

それは、複雑系には「分析不能性」という性質があるからです。

すなわち、「こころの生態系」とは、分析できないのです。それが、メンバーの「こころ」が複雑に絡みあった有機体であるため、それを分析によって理解することはできないのです。とくに、複雑系においては、「原因」と「結果」を分析することはできません。なぜならば、複雑系においては、ある種の「循環構造」が生まれているからです。そのため、どちらが原因で、どちらが結果かを明確にできないのです。

たとえば、わかりやすい例でいえば、「職場のメンバーの仕事への意欲が低下する→職場の業績が落ちる→マネジャーが職場の管理を強める→職場のメンバーの仕事への意欲がさらに低下する→職場の業績がさらに落ちる→マネジャーはさらに管理を強める」といった循環構造です。この循環構造において、業績が落ちていくのは、「メンバーの意欲の低下」が原因なのか、「マネジャーの管理の強化」が原因なのかを明確に決めることはできないのです。いわゆる「ニワトリとタマゴ」の構造です。ニワトリからタマゴが生まれたのか、タマゴからニワトリが生まれたのか、どちらとも決められないのです。

そして、この循環構造が、複雑系に特徴的な「ポジティブ・フィードバック」を生み出します。いわゆる「雪だるま」や「雪崩現象」が起こるのです。ひとたび起こったことが、ますます起こりやすくなるという現象です。すなわち、複雑に絡みあったさまざまな関係が、ある種の循環構造を形成してしまうと、こうしたポジティブ・フィードバックが生まれやすくなるのです。さきほどの例でいえば、どんどん悪循環へと向かっていってしまうのです。

もちろん、このポジティブ・フィードバックが生じるのは、決して悪循環としてばかりではありません。たとえば、プロ野球の優勝目前のチームが、「試合に勝つ→士気が上がる→力を発揮する→また試合に勝つ→さらに士気が上がる」といった形で、どんどんと盛り上がっていくことなどは、好循環のよい例です。

しかし、いずれにしても、こうした循環構造を特徴とする複雑系においては、分析によって、単純に「原因」と「結果」を決めることはできません。すなわち、西洋医学的発想で「問題分析」をして、そこから「原因究明」をすることはできないのです。

東洋医学的発想の大切さ

では、どうすればよいのでしょうか？

「全体観察」と「直観把握」という方法を用いるべきなのです。

そして、それが、東洋医学的発想にほかなりません。

すなわち、西洋医学では、問題を分析することによって原因を究明しようと考えますが、東洋医学では、全体を観察することによって、「要所」を直観的に把握しようと考えるのです。そして、ここでいう「要所」とは、「ツボ」ともいわれるものです。この「要所」や「ツボ」とは、決して「原因」ではないのですが、そこを押さえることによって、循環構造の全体が、徐々にそして確実に良い方向に変わりはじめる場所なのです。そして、その要所を見出すために求められるのが、古来、大局観や直観と呼ばれる能力なのです。

したがって、マネジャーが「こころの生態系」という複雑系に対処するとき、こうした東洋医学的発想がきわめて大切です。

たとえば、職場の「こころの生態系」がおかしくなっていると感じるとき、マネジャーは、あまり「問題分析」や「原因究明」という発想で「犯人探し」をすべきではありません。メンバーの誰かが「原因」となっていると考えるべきではないのです。

こうしたときには、安易に「犯人探し」を行うのではなく、むしろ「病むときは、全体が病む」ということを理解したうえで、「こころの生態系」の全体を静かにみつめ、キーパーソンを感じとるべきなのです。しかし、ここでいうキーパーソンとは、決して「犯人」や「原因」ではありません。そうではなく、たとえば、そのメンバーが元気になることによって、職場全体が活気を得るようなメンバーです。マネジャーは、そのキーパーソンにこそ働きかけるべきなのです。

これが、東洋医学的発想にもとづく、「全体観察」と「直観把握」という方法です。

操作主義の誤り

ただし、ここでマネジャーが決して陥ってはならない過ちがあります。

それは、「こころの生態系」がおかしくなっているとき、それを「治してやろう」と考えることです。おかしくなった「こころの生態系」を「変えてやろう」と考えてしまうことです。しかし、それは、あまり正しくありません。なぜなら、「こころの生態系」とは、実に不思議な性質を持っているからです。それをある方向に変えてやろうという「人為」が強すぎると、不思議なことに、それはその意図とは違った方向に変わってしまうのです。

では、なぜ、マネジャーは、こうした問題に直面するのでしょうか？

それは、複雑系には、「管理不能性」という性質があるからです。

すなわち、「こころの生態系」とは、外から働きかけなくとも、自然に秩序や構造が生まれてくる「自己組織性」という性質や、個々が自由に自発的に動いているだけで、自然に全体の秩序が生まれてくる「創発」という性質を持っているからです。それは、いわば「生きたシステム」であり、あたかも生き物のようにふるまいます。そのため、「こころの生態系」は、それを機械のように人為的に「操作」したり、「管理」することができないのです。

したがって、言葉を換えれば、「こころの生態系」は、それを「操作」したり、「管理」するための一般的な方法がないということなのです。かりに、過去、バランスを崩した「こころの生態系」に対して、ある方法をとることによって、そのバランスを回復したとしても、次に、その同じ方法をとっても、同じように回復することはすこしも保証されていません。

そして、その理由は、複雑系にはもう一つの性質があるからです。「法則無効性」という性質です。

すなわち、複雑系とは、その性質そのものがどんどん変わっていってしまうため、「こうすれば、こうなる」という「法則」が成り立たないのです。そのため、複雑系に対処するための一般的な「方法」がありません。したがって、もっとも高度な複雑系である「こころ」や「こころの生態系」は、それを「操作」したり、「管理」したりすることができないのです。

「こころの生態系」を映し出す鏡

このように、「こころの生態系」とは、いま述べた七つの性質を持つ、きわめて高度な複雑系なのです。そして、職場の空気や雰囲気、そして文化とは、この高度な複雑系としての「こころの生態系」の状態を忠実に映し出すのです。

したがって、私たちマネジャーは、職場の空気や雰囲気、そして文化の変化をつうじて「こころの生態系」の変化を敏感に感じとる力を身につけなければなりません。そして、その「こころの生態系」がバランスを崩していると感じたとき、それに対処するための「智恵」を身につけていかなければなりません。

さいわい、いま、多くの職場に導入されつつある情報システムは、職場にさまざまなネットコミュニティを生み出しつつあります。そして、もしマネジャーが職場のメンバーとともに、ウィークリー・メッセージなどの形で新しいネットコミュニティを生み出すならば、それは、その職場の「こころの生態系」の姿をありのままに映し出す「鏡」になっていくでしょう。

だから、その「鏡」をつうじて「こころの生態系」をみつめることが、新しい時代のマネジャーの役割になっていくのです。

しかし、忘れてはなりません。

その「鏡」のなかに、職場の「こころの生態系」の姿を感じとるためには、何よりも、そのマネジャーに瑞々《みずみず》しい感性が求められるということを。

しかし、そのことは、マネジャーにとって、大変な時代がやってくることを意味しているのではありません。

そうではありません。

それは、素晴らしい時代がやってくるということを意味しているのです。

第8章

マネジメントを映し出す鏡

多くの職場に広がるウィークリー・メッセージ

さて、ウィークリー・メッセージという方法について紹介する本書も、最後の章になってしまいました。

ここまで読んでこられた読者のなかで、「私の職場でも、早速、このウィークリー・メッセージをやってみよう」と考えられた方が一人でもいらっしゃれば、私が本書を書いた目的は達せられます。

そして、こうした読者の方々にアドバイス申し上げたいことは、「あれこれ考えるよりも、とにかくやってみる」ということです。たしかに、本書においては、ウィークリー・メッセージに関する私のささやかな経験と、つたない考えをお伝えしました。しかし、それは、あくまでも私の経験であり、私の考えにすぎません。

人間の個性が一人ひとり違うように、職場の個性も一つひとつ違います。そして、職場の個性が違えば、その職場におけるウィークリー・メッセージのあり方も違うはずです。その個性を大切にして、このウィークリー・メッセージに取り組んでいただきたいと思います。

実は、私は、これまで『なぜ日本企業では情報共有が進まないのか』『なぜマネジメントが壁に突き当たるのか』（いずれも東洋経済新報社）という二つの著作において、このウィークリー・メッセージという方法について紹介しています。そして、これまで、数多くの講演会において、やはりこのウィークリー・メッセージの活動について紹介していきます。

そうした経緯から、これら二作の読者と、講演会の聴衆のなかの多くの方々から、「このウィークリー・メッセージという方法を職場に導入して取り組んでいる」というメールをいただいています。なかには、「私の職場では、『ふれあいメッセージ』と呼んで、ウィークリー・メッセージを始めました」「すでに、私の職場では、同じような主旨のメール交換を行っていたので、非常に励まされました」などのメールをくださる方もいらっしゃいます。

いずれにしても、すでにさまざまな職場でウィークリー・メッセージに取り組まれている多くの方々から、こうしたメールをいただくことは、一つの職場をあずかり自分自身の未熟さと悪戦苦闘している一人のマネジャーとして、私自身、大いに励まされます。

そこで、この最後の章においては、このウィークリー・メッセージを導入しようと考えられているマネジャーの方々に、同じくマネジャーの立場から、大切なことをお伝えしておきたいと思います。

初めてのウィークリー・メッセージに映し出されるもの

あなたが、もし、一つの職場をあずかるマネジャーであり、ある日、このウィークリー・メッセージを職場に導入されるならば、最初の月曜日の朝、職場のメンバーの方々からメッセージが送られてくるでしょう。

そのとき、あなたが、職場のメンバーのメッセージのなかに見るものは何でしょうか？楽しくユーモラスなメッセージ、まじめで真剣なメッセージ、おもわずホロリとさせられるメッセージ、深く考えさせられるメッセージ、さまざまなメッセージが届けられるでしょう。

そして、それらのメッセージは、すでにお話ししたように、その職場の「こころの生態系」を映し出す「鏡」なのです。そして、その「鏡」をみつめることによって、あなたは、おそらく、職場の「こころの生態系」の姿を感じとることができるでしょう。

しかし、このウィークリー・メッセージは、職場の「こころの生態系」を映し出す「鏡」であるとともに、もっと大切なものを映し出す「鏡」なのです。

それは、何でしょうか?

それは、あなたを映し出す「鏡」なのです。

ウィークリー・メッセージとは、あなたのマネジメントを映し出す「鏡」なのです。

そのことを、私たちマネジャーは、深く理解しておかなければなりません。

だから、もしかすると、初めて届くメンバーからのウィークリー・メッセージに映し出されるものは、すこし苦い思いのするものかもしれません。

開かない「こころ」の扉

たとえば、あなたが、それまで職場のメンバーを徹底的に競わせて業績をあげるという「管理主義的」なマネジメントをしてきたマネジャーであったとします。おそらく、そうした職場においてウィークリー・メッセージを導入した場合、メンバーから寄せられるメッセージは、「先週は、仕事で何々をした」といった業務報告のようなメッセージか、「週末は、何々をして過ごした」といった当り障りのないメッセージになるのではないでしょうか。そして、ウィークリー・メッセージを自由参加にした場合には、誰もメッセージを送ってこないということもあるかもしれません。

こうしたことが起こってしまう原因は、職場のメンバーがマネジャーに対して「こころ」を開いていないからです。たとえば、「あのマネジャーには、あまり自分の気持ちを伝えたくない」と思われていれば、そのメンバーは率直な気持ちを語ったメッセージを送ってくることはないでしょう。そして、たとえ、ウィークリー・メッセージを「義務」にしてみたところで、業務報告や近況報告などのような表層的で中身の薄いメッセージが増えるだけでしょう。

そして、そうしたメッセージを見たとき、マネジャーは、当たり前のことに気がつくのです。

ひとの「こころ」の扉を外から開けることはできない。

そのことに気がつくでしょう。

かりに、いくら「もっと、ウィークリー・メッセージでは、お互いの気持ちを率直に語りあおう」とマネジャーがメンバーに呼びかけても、メンバーは鼻白むだけなのです。いや、逆に、ますます、率直なメッセージを書くことをしたくなくなるでしょう。

では、どうすればよいのでしょうか？

みずから扉を開けるために

「こころ」の扉を中から開けることです。

マネジャーが、みずからの「こころ」の扉を開けることです。みずから率先して、自分の気持ちを率直に伝えるメッセージをメンバーに送ることです。

しかし、それは実は、すこし勇気のいることです。

私たちマネジャーは、無意識に、「権威」や「プライド」というものを身にまとってマネジメントを行っています。言葉を換えれば、無意識に、職場のメンバーと自分との間に垣根を作っているのです。「マネジメントする側」と「マネジメントされる側」という違いを意識しているのです。

そうしたマネジャーが、ウィークリー・メッセージをつうじて、メンバーに自分自身の率直な声を伝えることは、ある意味では、勇気のいることです。

しかし、私のささやかな経験では、そのことを抜きにしては、何も始まらないのです。マネジャーがひとりのメンバーとして、その率直な声を語ったメッセージを送ることをしないかぎり、ウィークリー・メッセージというものが、職場のメンバーにとって本当に意味のあるものになることはないのです。

マネジャーが、それまでの「管理する側」という高みから降りていき、メンバーと対等な立場に立たないかぎり、メンバーとの本当の「対話」はないのです。いや、さらにいえば、マネジャーがメンバーのメッセージから、「何かを学ばせてもらおう」「互いに学びあいながら成長していこう」という謙虚なこころを持たないかぎり、メンバーとの真のコミュニケーションは生まれないのです。

ひとは、聞く耳を持つひとにしか語りかける気持ちにはならないものなのです。

管理主義と操作主義の問題

このように、ウィークリー・メッセージという「鏡」は、私たちマネジャーの中にある「管理主義」を、怖いほど正直に映し出してくれます。そして、私たちは、その「鏡」を見ることによって、「管理職」と呼ばれてきた古い時代のマネジャー像から、新しい時代のマネジャー像へと脱皮していけるのです。

しかし、そうした新しい時代のマネジャー像へと脱皮するために、私たちにとって、もっとも大きな障害となるのは、決して「こころ」のなかの「管理主義」ではないのです。もっとも大きな障害となるのは、実は、別なものです。

では、いったい、それは何でしょうか？

「操作主義」です。

私たちの「こころ」のなかにひそむ「操作主義」こそが、もっとも大きな障害となっていくのです。

では、「操作主義」とは何でしょうか？

それは、「他人を自分の意のままに操りたい」という深層意識です。「世界を自分の思うままに自由に操作したい」というエゴの衝動といってもよいでしょう。

もちろん、こうした「操作主義」を明確な表層意識として持っている人間は、さすがに現代の民主主義社会においては少ないでしょう。問題は、こうした「操作主義」が、多くのマネジャーやビジネスマンの深層意識に深く忍びこんでいるということなのです。

忍びこむ操作主義的なマネジメント

たとえば、近くの書店に足を運び、ビジネス書のコーナーを眺めてみると、そのことがよくわかります。

「部下を動かす方法」「相手を説得する技術」「顧客に買わせるノウハウ」……。

こうしたタイトルの本が溢れているのではないでしょうか？

どうすれば、部下や同僚を自分の意のままに動かせるか。

どうすれば、顧客や上司を説得して自由に操れるか。

ビジネスマンの「こころ」のなかにある、そうした操作主義的な願望を刺激する本が溢れています。

そして、おそらく、ある意味では、こうした書籍の氾濫が、現在のマネジメント論の水準を引き下げているのでしょう。こうした操作主義的なマネジメント論の横行が、現代の職場のマネジャーが新しい時代のマネジャー像へと脱皮することを妨げているのでしょう。

しかし、静かに考えてみるならば、本当の問題は、こうした操作主義的な書籍を出版する側にも、執筆する側にもありません。深くみつめるならば、本当の問題は、そうした書籍に影響を受けてしまう、私たちマネジャーの側にあるのです。

そして、私たちマネジャーの「こころ」にひそむこうした「操作主義」は、ウィークリー・メッセージのような方法を職場に導入するときにも、やはりひそやかに、その鎌首をもたげるのです。

たとえば、「このウィークリー・メッセージを使って、職場のマネジメントをさらに効率的に行おう」といった発想や、「この方法を用いて、職場のメンバーの業務への意欲を観察しよう」といった発想、さらには、「このメッセージをつうじて、マネジャーの方針をメンバーに周知徹底しよう」といった発想です。

率直にいって、マネジャーが、こうした操作主義的な発想と願望を抱いて始めるウィークリー・メッセージは、そのほとんどが失敗するでしょう。

心理学版「北風と太陽と旅人」

無意識の世界に操作主義的な発想を抱くこうしたマネジャーをみるとき、私は、いつも、イソップ物語の「北風と太陽と旅人」の物語を思い出します。正確にいえば、「心理

学版　北風と太陽と旅人」の物語です。これは、拙著『意思決定　12の心得』（PHP文庫）でも紹介した物語ですが、次のような物語です。

まず、そもそもの物語は、北風と太陽が、どちらが旅人のマントを脱がせることができるかを競うという話です。それは、よく知られているように、次のような話です。

まず最初に、北風が「俺が、旅人のマントを脱がせてみせる」といって、旅人のマントを剥ぎ取ろうと強い風を吹きつけます。しかし、旅人は、寒さのあまり、ますますしっかりとマントをつかんで離さないため、北風の試みは失敗に終わります。そこで、次は太陽が、「私が、旅人のマントを脱がせてみせましょう」といって、旅人をポカポカと暖めます。すると、旅人は、暑さのあまり、自然にマントを脱ぎ、この競争は太陽の勝ちに終わるという物語です。

このイソップ物語は、あまりにも有名な物語であり、おそらく多くの読者が知っている物語でしょう。

しかし、この物語には、「心理学版　北風と太陽と旅人」というものがあるのです。

これは、次のような物語です。

まず北風が「俺が、旅人のマントを脱がせてみせる」といって、旅人のマントを剥ぎ取ろうと強い風を吹きつけます。しかし、旅人は、寒さのあまり、ますますしっかりとマントをつかんで離さないため、北風の試みは失敗に終わります。ここまでは、「原本」と同じです。そこで、次は太陽が、「私が、旅人のマントを脱がせてみせましょう」といって、旅人をポカポカと暖めます。すると、旅人は、太陽に向かってこういうのです。

「太陽さん。そうしてポカポカと暖めて、私のマントを脱がそうとしているのでしょう。見え透いていますよ。残念ながら、私は、あなたの思うとおりにはなりませんよ！」

こうして、この競争は北風と太陽の「痛み分け」となるという物語です。

太陽的アプローチにひそむ操作主義

この物語は、マネジャーにとっては、あまり笑えない物語なのです。

しばしば、私たちマネジャーは、こうした「操作主義」の過ちに陥ってしまうからです。

そもそも、マネジメントにおける「管理主義」というものも、「操作主義」というものも、どちらも、職場のメンバーを自分の意のままに効率よく動かしたいという願望から発しています。

そして、「管理主義」とは、権限や権力によって職場のメンバーを動かそうとするものであり、その意味では、この物語における「北風」に近いものです。

しかし、「操作主義」とは、あからさまな権限や権力によって職場のメンバーを動かそうとするものではありません。むしろ、どちらかといえば、マネジャーが温かい言葉や態度を示すことによって、職場のメンバーを動かそうとするものです。その意味では、この物語における「太陽」に近いものですが、この「心理学版 イソップ物語」が私たちに教えてくれるのは、そうした「太陽的アプローチ」さえも、それがひそやかな「操作主義」に支配されたものであるときには、メンバーは敏感にそれを感じとり、そのマネジャーの操作主義的な意図は見抜かれてしまうということです。

したがって、マネジャーは、ウィークリー・メッセージを始めるとき、あまり、「このウィークリー・メッセージを使って、職場のマネジメントをさらに効率的に行おう」といった発想や、「この方法を用いて、職場のメンバーの業務への意欲を観察しよう」といった発想、さらには、「このメッセージをつうじて、マネジャーの方針をメンバーに周知徹底しよう」といった発想を持つべきではないのです。

「意図」を超えて

では、どうすればよいのでしょうか?

いったい、ウィークリー・メッセージを始めるとき、マネジャーは、どういった心境でそれを始めればよいのでしょうか?

その答えは明確です。

「意図」を捨てることです。

ウィークリー・メッセージという方法を使って、ああしようとか、こうしようという意図を捨てることです。そして、そのためにこそ、自分の中にある、あからさまな「管理主義」や、ひそやかな「操作主義」をみつめておく必要があるのです。

そして、すべてを、ウィークリー・メッセージという「生きたシステム」の自然の動きにまかせればよいでしょう。

たしかに、本書においては、ウィークリー・メッセージというものをつうじて、私たちの職場で何が生じたかを述べました。たとえば、「仲間を理解する新しいスタイルが生まれる」「自然に対話が生まれる」「個性のしなやかな格闘が生じる」「知識の学びあいが生じる」「智恵がひそやかに伝わる」「書くことによるこころの成長が生じる」「こころの生態系をみつめることができる」といったことを述べてきました。

しかし、私は、「何が生じたか」や「何が生まれてきたか」については多くのことを述べましたが、決してそれらは、「何を生じさせようとしたか」「何を生みだそうとしたか」という意味で述べたわけではありません。

すべては「意図」を超えて展開したのです。

小さなマネジャーの意図など超えて展開したのです。

かけがえのない歴史

しばらく前に、ある講演会において、このウィークリー・メッセージの話を紹介したとき、ある女性の参加者からの質問を受けました。

その質問は、「田坂さんは、九年前に、このウィークリー・メッセージを始められたとき、どういった目的で、それを始められたのですか？」

そういった質問でした。

その女性の方が実に誠実な姿勢で、そう質問されたので、私も、その質問に誠実にお答えしよう考えました。しかし、私の口をついて出てきた言葉は、たった一言でした。

「深い縁あって同じ職場に集まった仲間のことを、もうすこしだけ深く知りたいと思いました」


それが、私の正直な気持ちでした。もちろん、「ウィークリー・メッセージによって、職場の対話が進むからです」「ウィークリー・メッセージによって、知識の共有が進むからです」などと、すこしは気の利いた返事をしようかという思いも浮かんだのですが、やはり、私の正直な答えは、この一言に尽きていました。

そんな素朴な思いでウィークリー・メッセージを始めたら、なぜか九年間以上もメッセージの交換が続き、そして、さまざまなことが自然に生まれてきたのです。

そして、それは、まぎれもなく、私たちの職場の「かけがえのない歴史」なのです。それは、私たちの職場の持つ「個性的な文化」が生みだした「個性的な歩み」にほかならないのです。

だから、読者が他の職場においてウィークリー・メッセージを始めたとき、いったい何が起こるのかは、私たちにも予測がつかないのです。しかし、おそらく、その職場には、その職場の個性を反映した「何か」が自然に花開くのではないでしょうか。

だから、その職場のマネジャーの方は、「何か」をあまり強く意図することなく、素朴な心境で、このウィークリー・メッセージという方法を始められることをお勧めしたいと思います。

「深い縁あって同じ職場に集まった仲間のことを、もうすこしだけ深く知りたい」

その素朴な心境だけで十分なのではないでしょうか？
しかし、その素朴な心境を実行するには、ひとつ求められるものがあります。

それは、「勇気」を持つことです。

ウィークリー・メッセージという「鏡」を勇気を持ってのぞきこむことです。

そして、その「鏡」に映し出される自分自身のマネジメントの姿を、謙虚な気持ちでみつめることです。

しかし、それは、もしかしたら、最初は、すこし苦い思いのする体験かもしれません。

正直にいえば、私自身、いまでもときおり、ウィークリー・メッセージという「鏡」のなかに自分のマネジメントの未熟さが映し出されていることを感じ、ひとり考え込んでしまうときがあります。

それでも、勇気をもってその「鏡」をのぞきこみ、その苦さの体験を「糧」としなければならないのでしょう。

おそらく、私たちは、そのことによってのみ、古い時代のマネジメントのスタイルを脱ぎ捨て、新しい時代のマネジメントのスタイルを身につけていくことができるのではないでしょうか。

エピローグ

ロビンソン・クルーソーの一冊

情報化時代の新しいマネジメント・スタイル

この本は、ひとりの未熟なマネジャーからのメッセージです。

いま、情報革命のなかで大きく変化しつつある企業の現場で、悪戦苦闘するひとりのマネジャーからのメッセージです。

その未熟なマネジャーが、この本を書いた背景には、一つの問いがあります。

マネジメントはどこに向かうのか?

その問いです。

企業の現場で数十人のメンバーをあずかり、多忙をきわめるメンバーとともに日々精一杯の真剣勝負をつづけ、自分自身も忙しく走りまわる日々のなかで、いつもこころに抱いているのは、その問いです。

そして、情報産業の一翼にある企業に身をおき、情報化の最先端の職場で働き、自分自身が情報革命についてのビジョンを世に語りながら、考えてつづけてきました。

いったい、この奔流のような情報革命は、私たちをどこに連れていこうとしているのだろうか。

そのことを考えつづけてきました。

そうした思索のなかで、ひとつだけたしかに感じていたのは、これから、情報化時代にふさわしい新しいマネジメントのスタイルが生まれてくるだろうという予感でした。そして、その新しいマネジメントのスタイルは、おそらく、きわめて高度なものになっていくだろうという予感でした。

これから情報革命が進み、すべての職場にパソコンとネットワークが導入され、最先端のデータベースやソフトウェアが利用されるようになればなるほど、マネジメントは、より高度なスタイルに向かう。そう感じてきました。

その予感ゆえ、しばしば、マスメディアに溢れる短絡的な「中間管理職不要論」に、ひとりの現場のマネジャーとして反論をしてきたのです。

「こころ」のマネジメント

しかし、私が「マネジメントは、より高度なスタイルに向かう」という意味は、決して、最先端の情報システムを使いこなしたマネジメント手法を身につけなければならないという意味ではありません。また、欧米からやってきた最先端のマネジメント手法を学ばなければならないという意味でもありません。

私が、「マネジメントは、より高度なスタイルに向かう」という意味は、現場のマネジャーが、これから「もっとも高度なもの」に対処しなければならなくなるという意味にほかなりません。

では、その「もっとも高度なもの」とは何か？

「こころ」です。

職場のメンバーの「こころ」の問題に、これからのマネジャーは、好むと好まざるとにかかわらず、深いレベルで対処しなければならなくなる。私は、そう考えています。

なぜならば、いますべての企業に押し寄せる情報革命の嵐が、その「こころ」の問題を浮きぼりにしつつあるからです。

たとえば、「情報共有」です。情報システムの導入にともなって、企業や職場における情報共有の大切さが叫ばれていますが、実際に情報システム導入の最先端にある企業が直面しているのは、「情報囲い込み」の問題です。すなわち、電子メールやイントラネットなどの最先端の情報システムはどんどん導入されているのに、実際に、そうした情報システムを用いて職場のメンバーが持っている重要な情報や高度なナレッジを「共有」しようとすると、「他のメンバーに利用させたくない」という心理がはたらき、情報の囲い込みが起こってしまうのです。そして、こうした問題は、決して、情報システムや業務プロセスの問題ではなく、企業文化や職場文化の問題であり、その深くには、職場のメンバー一人ひとりの「エゴ」の問題があり、「こころ」の問題があるのです。

また、たとえば、とりあえず「情報共有」は進んでも、それが具体的な「協働行動」へと結びつかない職場があります。その原因を探っていくと、やはり「こころ」の問題に突き当たります。いわば、「情報共有」が「情報共鳴」を生み出さないのです。職場で情報を共有しても、そもそもメンバーの間での「共感」が存在しないため、情報共鳴が生まれず、互いに協力しあって行動に踏み出すことができないのです。これも、職場のメンバーどうしの「こころ」の問題です。

だから、職場のメンバーの「こころ」の問題に、これからの情報化時代のマネジャーは、深いレベルで対処しなければならなくなる。私は、そう考えています。

そして、その問題意識は、必然的に、次の問いへと結びついていきます。

では、職場のメンバーの「こころ」の問題に、マネジャーは、どういったマネジメントのスタイルで対処すべきなのか？

この問いが、私に、この本を書かせました。

この問いが、「こころのマネジメント」というサブタイトルの、この本を書かせたのです。

しかし、このタイトルをご覧になって、誤解をされた読者も多いと思います。そうした読者は、次のような批判的な気持ちを持たれたのではないでしょうか？

「そもそも、人間の『こころ』などという大切なものを、マネジメントできるわけがないし、また、マネジメントすべきでもない」

こうした批判には、たしかに同感です。もし「マネジメント」という言葉が「管理」と訳されるような意味のものであるならば、「こころのマネジメント」、すなわち「こころの管理」などというものは、決してあるべきではないと思います。

しかし、私は、これからの時代の「マネジメント」とは、こうした「管理」という意味のものではなく、もっと違った意味のものになっていくと考えています。それを言葉にするのは難しいのですが、あえていえば、「職場のメンバーの職業人としての成長と、人間としての成長を支援する」という意味の強いものになっていくと考えています。

そして、私は、まさにその意味において、この「こころのマネジメント」という言葉を、本書のタイトルとして用いたのです。いわば、「職場のメンバーのこころの成長を支援する役割」といった意味です。

そうした意味において、これからの時代のマネジャーは、「こころのマネジメント」のスタイルを身につけていかなければならない。私はそう考えています。

「こころの生態系」のマネジメント

しかし、この本の「こころのマネジメント」というサブタイトルは、実は、もう一つの意味においても使われています。

それは、「こころの生態系のマネジメント」という意味においてです。

さきほど、これからの時代のマネジャーは、職場のメンバーの「こころ」の成長を支援することが役割であるといいました。私は、それに加えて、もう一つの役割があると思っています。

それは、職場のメンバーの「こころの生態系」の成長を支援するという役割です。

すでに述べたように、職場に生まれてくる「こころの生態系」とは、単に、職場のメンバー全員の「こころ」の総和ではありません。それは、もっとも高度な複雑系であり、それ自身が一つの「生きたシステム」としての独自の性質を持ち、そのなかのメンバー一人ひとりの「こころ」に影響を与えながら、不断に変化し、進化していくものなのです。

そして、こうした「こころの生態系」は、古くから人間の集まる場所においては自然に生まれ、存在していたのですが、いま、この情報革命の時代において、それがますます明確な形で現れてきているのです。それは、たとえば、職場内のネットコミュニティという形で、明確な姿を現し始めています。そして、それは、古くから職場の空気や雰囲気、文化という形でひそやかに存在した「こころの生態系」とは、大きく違った性質をもって現れてきているのです。

したがって、これからの時代のマネジャーは、この「こころの生態系」についても、その成長を支援していかなければなりません。そして、それが、「こころの生態系のマネジメント」ということの意味にほかならないのです。

創発型マネジメント

しかし、最初に述べたように、「こころのマネジメント」も「こころの生態系のマネジメント」も、いずれも、これまでのいかなるマネジメントに比べても、もっとも高度なマネジメントのスタイルを、私たちに要求するのです。

では、もっとも高度なマネジメントのスタイルとは、いったいどのようなスタイルなのでしょうか?

それが、これまでの「管理型マネジメント」や「操作型マネジメント」という古いマネジメント・スタイルではないことは明らかです。では、それは、いったい、どのようなマネジメント・スタイルなのでしょうか?

それを、私は、「創発型マネジメント」と呼んでいます。

この「創発」とは、すでに何度か述べたように、「個々が自由に自発的に動いているだけで、自然に全体の秩序が生まれてくる」という性質であり、複雑系というものの持つもっとも特徴的な性質です。そして、職場のなかに生まれてくる「こころの生態系」とは、まさに、もっとも高度な複雑系であるため、この「創発」という性質をきわめて強く持っているのです。

たとえば、まだルールが決まっていない新しい仕事について自然に暗黙のルールが生まれてきたり、渾然とした集団のなかから自発的に仕事のチームが生まれてきたり、会議で自由に議論していると誰が提案するともなく面白いプランが生まれてきたり、そうした体験を持っているマネジャーは少なくないのではないでしょうか。

これらは、すべて「こころの生態系」が持つ「創発」という性質なのです。

そして、これからの情報革命の時代には、電子メールやネットコミュニティなどが、この「こころの生態系」の創発的な性質を、ますます強めていくのです。

したがって、これからの時代のマネジャーは、職場におけるこうした「創発」のプロセスを促し、自然にルールやチームやプランが生まれてくるようにしていかなければなりません。自然に秩序や組織や知識が生まれてくるように処していくことが望まれるのです。

そして、それが、「創発型マネジメント」という新しいマネジメントのスタイルにほかなりません。

「創発戦略」の思想

しかし、こう述べると、多くの読者は戸惑われるかもしれません。

なぜならば、こうした「創発型マネジメント」という言葉は、一種の「矛盾」のように聞こえるからです。

すなわち、もし、「創発」というものが、「個々が自由に自発的に動いているだけで、自然に全体の秩序が生まれてくる」という性質であるならば、それを何らかの人間の意図をもって「マネジメント」するという発想は、ある種の「矛盾」のように聞こえるのです。

そして、それは、ある意味で、正しい疑問です。

だから、アメリカの「複雑系マネジメント」に関するワークショップなどでは、しばしば、次のような面白い表現が飛び交うのです。

Paradox of Intentional Emergence（「意図された創発」という矛盾）

まさに、複雑系マネジメントの最先端の研究においても、いま、こうした言葉が用いられているのです。そして、その言葉の背景にある思想は、次のようなものです。

企業や市場や社会というものは、「自己組織性」や「創発性」をもって変化し、進化している、ある種の「生きたシステム」であり「生命的システム」である。したがって、それは、「機械的システム」のように、人間が自由に設計したり、操作したり、管理することはできない。しかし、人間が、その「生きたシステム」の生命力を高め、自己組織化を促し、創発を促していくことはできる。すなわち、創発の「結果」を意図的に管理することはできないが、創発の「プロセス」を意図的に促していくことはできる。

そして、この思想こそが、複雑系マネジメントの中核にある「創発戦略」(Strategy of Emergence)という思想であり、「創発型マネジメント」の根本にある思想なのです。

したがって、もし、私たちが、この思想を深く理解することなく、きわめて高度な複雑系としての企業や市場や社会、さらには、そのなかに生まれてくる「こころの生態系」を、「管理型マネジメント」や「操作型マネジメント」の発想でみつめ、それを意図的に管理できると考え、無意識に操作できると考えるならば、それは明らかにある種の「矛盾」といえるでしょう。そもそも、「管理できないものを管理しようとする」「操作できないものを操作しようとする」といった「意図」が、ある種の「矛盾」であることは明らかです。

したがって、「Intentional Emergence（意図された創発）」という言葉は、あくまでも、創発の「結果」を意図的に管理し、操作しようという意味ではなく、創発の「プロセス」を意図的に促していくという意味で用いられる言葉なのです。

深き縁を得た人々

そして、私が、ウィークリー・メッセージというささやかな方法に期待を寄せるのは、それが、まさに、この「創発型マネジメント」を可能にする方法となっていくのではないかと考えるからです。

それゆえ、この本において、このウィークリー・メッセージという方法を紹介しました。それは、多くの現場のマネジャーの方々に、この方法をつうじて「創発型マネジメント」というものを模索し、生み出していっていただきたいと願うからです。そして、そのためのいくつかのヒントは、この本において述べてきたつもりであり、この「創発型マネジメント」については、拙著『まず、世界観を変えよ』（英治出版）でも論じています。

しかし、私にとって、ウィークリー・メッセージというものの価値は、決して「マネジメントの手法」としてあるわけではありません。

すでに述べたように、私が、このウィークリー・メッセージを始めた理由は、たった一つの思いからです。

「深い縁あって同じ職場に集まった仲間のことを、もうすこしだけ深く知りたい」

そうした思いから始めたのです。

そして、そうした私自身の思いの背景には、若い日から感じつづけてきた、ひとつの問いがあります。

「ひとは、なぜ、長い歳月をともに歩んでも、互いを深く知ることなく、別れていくのだろうか……」

そうした若き日の問いがあります。

しかし、そうした問いを抱いて多くの歳を重ね、さまざまな体験を重ねて歩みつづけ、ようやく理解したことがあります。

「ひとには、どれほどの歳月をともに過ごそうとも、他人からは決してうかがうことのできない世界が、ある」

そのことを理解しました。

そして、そのことの素晴らしさも理解することができました。

しかし、だからこそ、縁あって巡り会った人間どうしが、理解しあおうと努力することに、大切な意味があると感じられるようになったのです。縁あって巡り会った人間どうしが、互いを深く理解しあうことの難しさを知りつつ、それでも理解しあいたいと願い、理解しあおうと努力することに、深い意味があると感じられるようになったのです。

だから、ウィークリー・メッセージというささやかな方法に、ささやかな願いを重ねました。

「深い縁あって同じ職場に集まった仲間のことを、もうすこしだけ深く知りたい」

そうしたささやかな願いが、私以外のメンバーのなかにもあるのかもしれません。そして、それが、九年以上もこのウィークリー・メッセージが続いている理由かもしれません。

そして、いま振り返ると、私たちが交わしてきたウィークリー・メッセージの記録は、まぎれもなく私たちの職場の歴史となっています。かけがえのない歴史となっています。

ロビンソン・クルーソーの一冊

しばしば、雑誌のインタビューなどで、「ロビンソン・クルーソーの一冊」という質問があります。

それは、「もし、あなたがロビンソン・クルーソーのように離れ小島にたった一人で流されるとしたとき、一冊だけ本を持っていけるとしたならば、何を持っていきますか？」という質問です。こうした質問に対して、「聖書」と答える人や、「辞典」と答える人、さらには「座右の書」を答える人など、さまざまな人がいると思います。

もし、私が、同じ質問を受けたならば、すこし考えて、こう答えるかもしれません。

「ウィークリー・メッセージの記録です」

もちろん、それは本ではありませんが、いま、私のノートブック・パソコンのハードディスクのなかには、このウィークリー・メッセージを電子メールでやりとりするようになってからの三〇〇〇通あまりのメッセージが納められています。

もし許されるならば、それを持っていきたいと思います。もちろん、離れ小島には電源はないでしょうから、現実性のない答えであると思いますが、そう答えたいと思うほどに、このウィークリー・メッセージの記録は、私にとって大切な記録です。

なぜならば、どれほど素晴らしい著者の書いた書物であっても、その著者とは、ひとつの人生をともに歩んだわけではないからです。もちろん、亀井勝一郎が語るように、書物をつうじての著者との「邂逅」という深みある世界があることは理解しています。しかし、やはり、その著者とはひとつの時をともにして歩んだわけではないのです。

しかし、いま、職場で毎日顔をあわせている仲間は、深い縁あって巡り会った仲間なのです。そして、互いの大切な人生の時を、毎日、ともにして歩んでいるのです。

そうであるならば、それらの仲間とは、私自身の人生のかけがえのない一部にほかなりません。

だから、その仲間が送ってくれたメッセージを、いつの日か、もう一度深く読みなおしてみたいと思うのです。

かつて自分の未熟がゆえに理解してあげられなかった仲間の気持ちを、いつの日か理解してあげられるかもしれない。そして、互いにぶつかり、反発しあった仲間さえ、いつの日か、そのメッセージのなかに、いとおしく思い出す日がくるかもしれない。

いつの日か、昔のウィークリー・メッセージを読みながら、かけがえのない時をともにした仲間のことを思い出してみたいのです。

おそらく、そこには、いまは気がつかなくとも、深い縁あって巡り会った人々との「こころの交流」の記録が残されている。

そして、それは、誰にとっても、かけがえのない「何か」なのです。

私の職場のウィークリー・メッセージ

M．T．20歳　女性

祖父は、顔立ちのいい歌舞伎役者だった。

小学校3年生くらいだった私は、休みの日になるとよく銀座にある仕事場まで遊びに行っていた。

楽屋の中は、着物のツンとしたにおいや化粧品の甘い香りが染み付いており、私はその場所がとても好きだった。

そこで見る祖父の姿も好きだった。

そんな祖父に異変が感じられるようになったのは、それから1年ほど経った頃だろうか。

祖父は痴呆症だった。

その症状は一日一日と、明らかに悪化していくように思え、まだ幼かった私は、あんなに好きだった祖父のことをいつしか「怖い」「恥ずかしい」と思うようになってしまい、きつくあたってしまうことも多々あった。そんな生活が2年ほど続いただろうか。

ある真冬の日、祖父はひどい肺炎にかかり、この世を去った。

どうしてもっとやさしく接してやれなかったのだろう。

どうしてもっとやさしい言葉をかけてやれなかったのだろう。

この思いは、一年一年歳を重ねるごとに、重く、重くのしかかってくる。

しかしそんな私を許してくれているのか、夢で逢う祖父はいつも微笑んでくれている。

「誰にでもやさしさを与えられる人になろう。この後悔を決して無駄にしないように」

そう心に決める毎日である。

R.I. 23歳　女性

"Life isn't fair. So deal with it"
高校生のとき友達のお母さんがよく言っていた言葉だ。
友達が文句をたらたらと言ったときに「我慢しなさい」というようなときによく使っていた。
最近、この言葉がよく頭に浮かぶ。

"Life isn't fair"
本当にそう思う。
人生は人それぞれ、同じものはありえない。
それと同時に幸せ、不幸、不公平だと感じることも異なる。

"Deal with it"
我慢という意味よりはそれと共に生きなさい、拒否しないで、逃げないでがんばりなさい、と聞こえるから不思議だ。
言葉は、その時によって感じ方、受取り方が異なる。
今になってとても良い言葉だと思うようになった。

これを伝えたい人がいる。
冷たく突き放すではなく、気持ちが伝わるように。
どうしたらエールのように聞こえるだろうか。
恐くて言えずにいる。

N.Y. 25歳　女性

月を追いかけて山の斜面を登っていく
目指すは満天の星
都会の星空は何だかさみしかったので
道中は人気のない林道
ほとんどの人が夢の中にいる静かな静かな夜
なんとなく恐ろしくなる
そのうちどんどん心臓の音が大きくなる
頼りにしているのは明るく光る半月
大丈夫だろうか
本当に満天の星はあるのか

しばらくして林道を抜けると
大きな空に
願っていたよりもはるかに、
空が白くなるほどの……
うれしすぎていつまでもそこにいたいと思ったが
朝が来る前に山を下り
今度は私の星空を見つけに行かなければ

N.M. 29歳　女性

メッセージを書いていて、気が付いた。
私は、また同じことを書いている。
思わず、たった今書いたメッセージを消してしまった。
同じことを繰り返して
悩みながら、ぐるぐる回って
気が付けば……
また、同じ場所に立っている。
悩んでも悩んでも
そこまで抜け出す力が今の私にはないから。
このままだと
私は、永遠に回り続けるような気がする。
「悩み続けなさい。ある日突然理解できるときがきっとあるから」
ある人がくれた言葉。
そんな瞬間がいつか来ると信じたい。

H.S. 30歳　女性

「お茶出し」


「お茶出し」という仕事、応接や会議室にお茶をもっていくだけの仕事。

ところが結構「緊張の一瞬」だったりする。

　わずか2~3分の事とお思いかもしれないが（一部の人達はご存知かもしれない）、皆給湯室で奮闘している。
①まず、お茶碗を暖める、その間の時間を使ってお茶の葉を急須にセットする。
②急須にお湯を入れお茶の葉を蒸ら

す。人により、急須にお湯を直接入れず冷たい茶碗に一旦入れたお湯を急須に入れる。（これは100度のお湯ではお茶の葉が傷みやすく苦みが出てしまう恐れがある為で、85度位が適温。）

③暖めてあったお茶碗のお湯を捨て、お茶を注ぐ。

④お盆に茶たくを置き、お茶の入ったお茶碗の水滴を拭き取り静かに茶たくへセット。

⑤自分に気合を入れ、いよいよ応接や会議室へ運んで行く。

⑥ドアの前で一呼吸し、ノック、そしてドアノブへ手を掛ける。

⑦一礼をして部屋の状況を観察判断する。

⑧お盆を置く場所はあるのか、お客様の配置、他部の人達、そして当部の人達。順番と歩くスペースの確認。お茶を置くスペースの確認。

⑨お茶を持ってお客様へ。書類の邪魔にならないように、お話の邪魔にならないように。会議の雰囲気を壊さないように。静かにそっと置く。

⑩お盆を持ち、ドアの所で一礼してドアを閉める。ここで、ちょっと一息。

⑪給湯室に戻り、お盆を元に戻す。急須を洗い、次の人の為に全て元に戻す。

これが、「お茶出し」である。

コーヒーだと、準備がもう少し大変かな。（ソーサーも暖めないとね。特に冬場は。）

良く給湯室でされる会話は、おいしいお茶の煎れ方やコーヒーの煎れ方、お茶を出しやすい部屋とそうでない部屋、そして、お茶を出した際に会議や打合せ等の邪魔にならずに出せたかどうかの反省。

　些細な事だが、出している人達は皆一生懸命。

　先日、アルバイトの人がお茶を煎れていたのだが、その人は丁寧にもタイムを計っていた。（お茶の葉が開くのに約1分。そこで注げばおいしいお茶が煎れられる。）

「お客様、お茶待ってるかな。急がなきゃ」。その人の煎れたお茶はさぞかしおいしいのだろう。

「お茶出し」。日に何度かあり、それが毎日。そして何年も。

　でも、やっぱり緊張する一瞬がある。ドアを開け、別の空気が流れているその中へ、大半のお客様がお盆を持ってる私達の方を見る。緊張が最大限になる。（好意の瞳や不信な瞳等）「お茶やコーヒーの香りが良い方向へ導いてくれればいいな」そんな思いで今日も誰かがおいしいお茶を煎れるため、給湯室の前に立っている。

T.O. 32歳　女性

さて先週のウィークリー・メッセージでハナバナしくも簿記3級取得を目標に掲げた私であるが、それから一週間で私はどんな努力をしたか。

まずは情報収集である。書店やインターネット、各種予備校などから資料収集をすることからはじまりである。

これはやはり経験者からの情報収集しかないだろうと、WWWを検索して見つけたいくつかのページにアクセスすると、中央経済社から出している「検定簿記講義」という本が良いとあった。

これはこの部の棚にひっそりと置かれている本ではないか。さすが良書を用意しているものだと感心したら、会社にあるのは2級用の本であった。

3級と2級はその難易度において大きな違いがある。2級には工業簿記が必須項目となるのであり、初心者が付け焼刃で勉強できるシロモノではない。

もっと易しい本はなかったと、さらに棚をあさってみたら今度は「新簿記検定1級」。

さがせばさがすほど難しい本がでてきてしまった。やけになってとりあえず両方とも机に並べることにした。

さて、その2級の本にある商法会議所の試験規則をぱらぱらと見たところ、私は固まった。

「4級？」そう、簿記検定の最低ランクは3級ではなかったのである。入門者向けは4級だったのである。ナニを勘違いしたのか、私は3級がはじまりだと思っていた。

しかも3級の程度は「基礎的な商業簿記原理及び記帳、決算等に関する初歩的な実務を理解している」レベルが要求されている。こんなことははっきり言って私なんかよりよほど「PCA会計ソフト」のほうが理解している。

　痛む頭を押さえつつ、簿記関連のホームページなどを見ていると、いきなり3級から挑戦する人も多いようだ。１ヶ月で受かるという力強い意見も発見した。

　そこでいささか出鼻をくじかれた感もあるが、当初の目的通り3級取得を目指すことにした。（いつ受けるのかは秘密です。）

　また、ホームページには計算機の選びかたまで書かれていて、少なくとも10桁表示されるものが必要らしい。そこで早速文具店に行き、10桁計算機を購入。

　計算機だけプロらしくなったところで、今週もさらに情報収集を図る予定である。

（結局何も努力してないじゃないかオイ。）

N．N．33歳　女性

　豊富な雪を見ていると、夜中だっていうのに無性に雪だるまを作りたくなった。

　丸く雪を固めるのがなかなか難しく、途中で止めればよかったと思ったが、これだといつもの中途半端な私の性格だと思い最後まで作り遂げた。

　目はブロッコリー、口は赤いとうがらし、耳と手を付けて完成したが、かなり不気味な雪だるまとなってしまった。（ぜひ見てみたいという変な方は、ご連絡下さい。写真に撮りましたので……）

　翌日、姪と甥の家族が遊びに来た。子供たちが喜んでくれたのが幸いでした。

　地球温暖化が問題になり、近年は雪が降らなくなったと言われるようになったが、久しぶりの雪の感触でちょっと救われた気持ちになりました。

Y．K．26歳　女性

　今回よりウィークリーメッセージに参加させていただきます。

　どうぞよろしくお願いいたします。

――

　日本総研でお世話になって、１年

と6ヶ月になる。

本当によい環境、仕事、社員の方々に恵まれ、これまで続けることができている。

振り返ってみると、人生の節々で背中を押してくれる場面というのが数多くある。

あるいは悩んでいるとき、そのどん底からはい上がるのは自分自身なのだが、そこにはいつも、後押ししてくれる「何か」があったような思いがする。

そもそも幼少の頃から本を読む方であったが、たくさん本が読める環境であるという安直な理由から学生時代は書店でアルバイトをした。

書店の仕事は接客からディスプレイ、本の注文まで多岐にわたり、何らかの形で書物に関わる仕事がしたいという思いを持つようになった。

アルバイトに明け暮れていた学生時代に「考えること」そして「書くこと」に出会った。

最初は課題という形で「書かされた」のだが、やがて書くことによって考えさせられ、自分の課題が明らかになることに気がついた。

また、何を基準にするかによって、物事が180度違って見えるということを知り、活字そのものに関わっていきたいと思うようになった。

こうした経緯で、新卒でついた仕事は、実用書・雑誌を主とした小さな出版社の編集職である。

編集の仕事はいわば「何でも屋」である。

仕事のノウハウを学びつつも一方でどこの組織でも編集的な仕事は発生するということ、それを「どこで」やるかという枠組みではなく、そこで「何を」するのかが問題であることを知った。

その時、その場所、その人に出会わなかったら今の自分はないと思う。

とくに、人にはすごく恵まれてきた。

アルバイト先の店長、学生時代の恩師、取材相手……と、次のステップへのきっかけになった方々がいる。

この一見当たり前のことをどうしても論理的に説明することができな

い。

かといって、人との巡り合いを単なる偶然で片づけることもできない。

以前、読んだ木に「人が一生懸命生きているとき、その力に引き寄せられて、良い人間に巡り会える」と書いてあったような記憶がある。

一生懸命生きているかどうかという話は別のテーマになるが、少なくとも今を一生懸命生きるという気持ちを常に持っていたい。

そして、これまでお世話になってきた方々の思いに報いるのは、何よりも自分が成長していく姿を見せてもらうことだと思う。

――

こちらでは、仕事をするというより、学ばせていただいているという感が強いのですが、「人生一生勉強である」との思いで業務に携わりたく思います。

どうぞよろしくお願いいたします。

K.M.　24歳　男性

毎朝の電車が空いている、日課となっていた座席の取り合いも楽になり、電車待ちに並ばなくても座れるようになってうれしい気がする。

しかし、座席に楽に座れるようになると今度はよりよい座席に座ろうとするのが人というもので、今はその取り合いが静かに始まっている事が良く分かる。皆さんもご存じであると思われるが、電車の座席は車両の両端は3人だけ座れる座席がある。なぜか誰もが始めにそこの席に座りはじめる。又、長椅子の両端から席が埋まってゆくのも面白いものである。一人でガランガランの電車に乗るとき長椅子のど真ん中に座る人は珍しいだろう。

日差しの関係も忘れてはいけない、朝の日差しといえども夏の日差し、これはかなり不快になるものなの　で皆避けたがる。という具合でより高度（?）な座席の取り合いは起こっているのである。

しかし、気づいてしまったことがある。毎朝の電車が空き、座席の埋まり方を観察できる余裕ができたことはうれしいことだが、電車が空いているという事は周りの人は休みであるという事でなんだか複雑な気分になるのである。

I．S．24歳　男性

日曜日に髪を切りに行って、また少し髪型を変えてきた。

美容師さんに髪を前に下ろすと「うわあ、若いねえ」と言われた。

今まで横に分けていた髪を前にもってくるだけで、とても印象が違う。

週末はほとんど家にいて自分の身の回りの整理整頓をしていた。

数ヶ月前に買っておいた写真立てには、まだ何の写真も入っていないまま、木の板だけが露出していた。が、ふと、その写真立てになんらかの絵でもいいから入っている方がいい、ということに今さらのように気付き、そこらへんに散らかっていた絵葉書を挿し入れておいた。おかげで、すっかり写真立ての辺りも華やいだ。

気をよくして、今まで別の写真が入っていたインテリア時計にも、新しいイラストを入れてみた。これまでに出会って来なかったものを突き合わせてみると、素朴に新鮮である。

七月はすっかり蕩尽をしてしまったこともあって、今月は手持ちのものを使い回して楽しむという姿勢をとることにしている。久々に着る服、久々に読む本、そういうものは、日ごろ遠ざかっているほどに新鮮でおもしろい。

日常的に違うものを突き合わせるという練習は、それこそ毎日服を着るような場面でも十分に楽しむことができる。そう自覚したときから、自分の服に対する興味は始まった。

自分の周りは常に自分が働きかけることさえすれば新鮮になる。

それが時として手が回らなくなることがある、という忙しい毎日から、ちょっとだけ解放されたこの3連休であった。

T．M．28歳　男性

高校時代、野球部の練習中に、打撃練習でバットを振り回す私を見た監督から、「おまえ、絞り球は何だ」との質問を受けたことがあった。恥ずかしい話だが、その質問に対し、「ど真ん中です」と返答し、失笑を買った思い出がある。

野球ならば笑い話で済むが、このようなメンタリティを野球以外の場、特に人との関わりの場には持込めない。

投手がどのように考え、どのような球を投げるかに思いを馳せることは大事だ。ど真ん中が来ることを想定してバットを振り続ける独善的な姿勢であってはならない。

しかし、来るとも知れないストレートど真ん中を待ち続け、くる球くる球をひたすらカットし続ける信念を持つこともまた時には大事ではないかと思うこの頃である。

A.S. 25歳 男性

経験を体験とする際に、自分自身についているフィルターが邪魔をしていることがある。

たとえば、テープ起こしをした文面を見てわかるのは、いかに自分が少しのことしか聞き取ってなかったという厳然たる事実である。

自分の取ったメモと比べあわせれば、自分が聞いた全部と相手が話していた全部を、客観的に定量的に比較できる。

この体験をしてから相手の話すことを以前より真剣に、自分の主観をなるべきはさまずに、一字一句ももらさず聞こうと思うようになった。

言葉になっている部分でさえ、こうであるから、相手の感情だって自分の都合のいいようにしか聞いていないのではないかと思うと恐くなる。

自分が忙しかったりすると、話し合いのときに、感情的になったり自分の非を相手のせいにしようとしたり、自分の感情の都合を優先させていることに後から気づいて反省することがある。

そして、それに驚いて気をつかっている相手の姿が思い出され、なぜあの時気づかなかったのだろうと、さらに反省することになる。

自分の主観が大切であり、世界は自分の解釈するようにある、というのは本当であると思うが、一方でそのことを言い訳にする傲慢な自分がいることに気づく。

相手の伝えようとする真実を真っ直ぐに受け止める謙虚さが必要である、そうすれば本当に伝えたいことも自ずから明らかになってくるのではないかと思う。

N・I・26歳　女性

一人暮らしは、どこまでも堕落できる。

部屋に埃がたまっても、洗濯物が散らかっても、冷蔵庫の中でプリンにカビが生えても、迷惑かける相手はいない。油断すればどこまでも……それが怖いところである。

それれ「まいいや」と放っておいたことに、ベランダのプランターがある。

初春に植えたパンジーやビオラの季節がすっかり終わったというのに、ついつい後回しで、ドライフラワーのような惨めな姿にさせてしまったのである。

いい加減みっともないし、第一かわいそう……

（切り花の世界でも、花がしおれる前に必ず処分しなさいといいます）

久しぶりに大好きな園芸店に行き、1時間も迷った挙げ句、丈夫なものがいいと思い、ペチュニアとインパチェスを買ってきて植え替えた。

1分もかからないことだけど、水やりの時間すらおしいのが朝。

でも、派手なピンクの花が、元気を与えてくれる。

たとえ植物であっても、彼らが生きていることは毎日観察していれば実感できる。花付きや株の形で、すくすく成長しているのか、ひねくれているのか、ばてているのか、分かる。

久しぶりの共同生活の感覚、やっぱり張り合いがある。

T・K・28歳　男性

先週に引き続き、サッカーで得た教訓に近いものを書いてみたいと思う。

ある負けた試合の日、めずらしく監督が声を荒げて、私に聞いてきた。

監督「今日いったいおまえは誰と戦っていたんだ」
私「相手のディフェンスと戦っていたのですけど……」
監督「やっぱりな。だから負けるんだ。おまえはチームメートと戦わなきゃならないんだよ」
私「は？」
監督「チームメートと（一緒に）戦うんだよ」

その日、私は前線でかなり孤立したプレーをして、いきり立っていたため、監督はこういったのだった。ちなみにこれはイタリアのサッカーのことわざらしい。この監督はユース代表をしていた人物で、いつもことわざといって僕らにいろいろなことを教えてくれていた。人を食ったような言い方ではあるが、単純な僕らはいつもそれを信じて、次の試合に臨んでいった。今、なんとく、こういったことわざに当てはまるような場面にいくつも遭遇する。年をとらなきゃわからないこともある。

S．K．24歳　男性

毎日3回、当然のように料理を食べている。

おいしいとか、おいしくないとか、自分勝手に評価している。

けれども、それはまぎれなく、少し前までは、命だったものだ。

「食材」になったハムや切り身は、生身の匂いを感じさせない。

「料理」になったシチューやパスタに至っては、もとが何であったかさえ関係ない。

食べるときにいつも目にしているのは、命であったことさえも奪われた「料理」である。

「生命を殺すこと」と「料理を食べること」の距離は遠い。

生きるために、毎日たくさんの命を奪っている。いや、たくさんの命に支えられている。

その現実が、覆い隠されている。

そのことを強く感じるのが、「もったいない」という言葉である。

毎日、食堂やレストランでたくさんの料理が残されているのを目にする。

そんな時、「もったいない」と言うと、まるで貧乏であるかのような気がする。

しかし、食事を残すとき、「もったいない」というのは、お金が惜しいからではない。

食べないことによって、無駄に命を奪ったことが「もったいない」のだ。

……そういえるほどに、「もったいない」という気持ちを実感できないでいる。それでも、好き嫌いなく、残さず食べることだけは、無意識に続けている。

食べるということは、深い業である。

それは忘れてしまいたいことだけども、忘れてしまってよいのだろうか。

その現実を覆い隠そうとする、「心の鎧」を見つめるべきだと思う。イヤなものを隠してしまいたいという、人間の心のありようを見つめるべきだと思う。

おそらく、この自分の心のありようにこそ、文化と呼ばれるものの根元があるのだ。

Y.K. 29歳 男性

最近、スキーに行く途中にきれいな富士に目がとまる。

天気がよく、空気が澄んでいるというのもあるが、渋滞を回避するための抜け道で、絶好のビューポイントに出くわすことが多いためである。

関西にいた頃は、富士を見ることがほとんどなかったため富士の雄大さには何か特別に引きつけられるものを感じる。

東京に来て何度も見ているにもかかわらず、立ち止まってしまう。

どちらかというと緑の多い環境で遊んできたため、あまり自然を意識したことがなかった。でもなにか最近は、自然の中ではっとすることが多い。夜の空を見て、オリオン座の中にこんなに星があったのか!とはっとしたり、ゲレンデから見るアルプスに日が沈む時にはっとしたり。

思わず、年をとったのかと考えてしまった。

どのような光景にして、清清しい

気持ちになり、なにか落ち着く。自然と同化することの幸せを感じる。

　思わず、そこらの木や草と同じに感じ、自分の存在を忘れそうになる。自分の感情というものがきれいに掃除されて、新しくなるように感じる。

　たぶんまたこの不思議な力を感じたくて自然の中に来ると思う。

M．M．35歳　男性

　全く個人的なことであるが、先々週末、実家で母の七回忌の法要があった。

　東京近郊に住む人々からは想像もつかない程の田舎である私の村には、金銭欲の強いお坊さんがいる。このお坊さんは、仏に仕える身でありながら金銭欲が強いため、村の人々からは〝生臭坊主〟と陰口をたたかれているが、それでも、田舎であるせいか、いついかなる時も、村の人々からはそれなりに尊敬される立場にある人物としての扱いを受けている。

　七回忌の法要のために、この生臭坊主が我が家に訪れ、お経が始まった。前夜、夜中過ぎに帰省した上、法要が朝早くから始まったため、お経を聞きながら必死に睡魔と闘っていた私の頭にふと、ある光景が浮かんできた。

　生前、長らくリューマチを患っていた母は、最後の数年間、ほとんど寝たきりの状態になっていた。高校を卒業して以来、一人暮しをしていた私は、たまにしか実家へ帰らなかった。そのため、たまに帰省すると、これみよがしに母の世話をやこうとする傾向が私にはあった。

　ある時、寝たきりになっている母が家の中の別の場所へ移動したいと言い出した。たまたま帰省していた私は、それなら俺がおぶってやると言い、寝ていた母を背中におぶって数分間、家の中を移動したことがあった。その時、私が一歩歩くごとに背中にいる母の体中の骨がゴリゴリ、バキバキと音をたてた。驚いた私が「なんでそんな音がでるんや、大丈夫か」と尋ねると、母はいたって平気そうな声で、「リューマチで骨がぼろぼろになっとるから、いつも動くたびに骨が鳴るんや」と言っていた。そして、とてもうれしそうな声で「あー、息子におぶってもらって幸せや」と言っていた。

その後、それほど時をおかずして母は他界してしまった。

お経を聞きながらその光景を思い出した私は、あることに気がついた。世の中に、骨をバキバキと鳴らしながら痛みを感じない人がいるはずが無いではないか。あの時、私は車椅子で母を移動させてあげるべきだった。多分、母は私のお仕着けの親切が母の体に与えるダメージのことを十分に把握していたに違いない。それでも、骨の痛みにも関わらず、私の背中で幸せやと言っていた母は、既にあの時、もう仏になっていたのではなかったか。

母が他界してはや七回忌。私は、いまだに母を越えることができない。

H．I．41歳　男性

10年くらい前、ボートの全日本選手権に中国の選抜エイトが特別出場して、日本の各クルーをパワーで圧倒した。表彰式をそばで見ていたが、中国エイトの8人の選手の背格好があまりにそろっているので驚いた。平均身長は190センチ、平均体重85kg程度、で全員が身長プラスマイナス2センチ、体重で2kg程度の範囲に入っているように見えた。

大学のクラブの場合、選手を揃えるといってもこうはいかない。身長の最大値と最小値が20センチ近くあることもあるし、10センチ以内のことはむしろ希である。理論的にいえば、身長も体重も平均していることが望ましいのは間違いない。つまり、選りすぐられたスポーツエリートだけでチームを構成するのが理想的なことで望ましいと言われれば否定できない。しかし、自分は20年近いコーチ生活の中で、少なくとも大学スポーツのレベルであれば、単純にこうした理論は成立しないと思っている。最も理想的と思っているチーム編成は、高い資質を備えた選手半分程度に、2人程度先天的な資質の不足を努力で補った選手が加わっている、といった形態である。

大学のクラブで、全員が1年生の頃から将来を嘱望されたメンバーだけで構成されているようなチームには意外な脆さがあると思っている。合宿を始めてから半年以上経った後に開催される大学選手権までには色々なことが起る。故障者は必ずといっていいほど出る。タイムが悪い日が続くことも必ずある。身体能力に優れた選手が、こうしたピンチを抜け出すための資質に優れているとは限らない。ピンチを抜け出すには、コーチを始めとする関係者の色々な工夫が必要なことはもちろんだが、最も必要なものは、1ヶ月先の成果を信じ、目の前の厳しく単純な練習に明るさを失わずに打ちこみ続けることができる精神力である。完璧な人間でない限り、目標を達成する過程で必ず壁に当たる。そして、往々にしてそうした壁は表面的ではない理由が原因になっていることが多い。したがって、2、3日の対症療法で壁を乗越えられることは絶対といっていいほどない。そして、1年生のときには注目もされず、4年になって初めて選抜クルーに乗るような選手こそは、成果が見えない中で黙々と練習を積み重ねてきた精神力を持つ選手なのである。クルーがピンチに陥ったとき、そうした選手の多くはうろたえること無く、本質を見据える力を発揮する。

世界選手権に出場したクルーが出したタイムは、その時のクルーの資質だけから見れば出し得る限り最高のタイムであったと思う。だから、その技術は他校から芸術品とまで称された。自らの技をそこまで高めるためには大変なコンセントレーションが必要となる。

そのクルーには1年のときは期待もされず、ただ黙々と努力を続けた結果選ばれた選手が2人いた。日常の練習では他のメンバーに責められることも多かったが、めげることなく誠実に努力を続ける彼等の姿は、暗黙の内に他のメンバーに精神的な強さを浸透させていったと思う。世界選手権の最後のレースの後、薄暗い艇庫の中でクルーとしての最後のミーティングを行った。2人の中の一人の最後の言葉は「弱い自分をここまで連れてきてくれて有り難う」というものであった。謙虚な彼らしい弁である。しかし、彼のようなメンバーがいなければ、決してこれほどコンセントレーションの高いクルーが出来ることはなかったのである。

謝辞

まず、一九九九年に、本書の旧版『こころのマネジメント』を上梓して頂いた東洋経済新報社と同編集者の清末真司氏に感謝します。

そして、この新版『ひとりのメールが職場を変える』を上梓して頂いた英治出版と同社社長の原田英治氏、同編集者の高野達成氏に感謝します。

「日本中の職場に光を届けたい」との著者の思いと、お二人の高い志が出会い、一〇年の歳月を超えて、この書をふたたび世に出しました。

また、一九九〇年から二〇〇〇年までの一〇年間、職場を共にした仲間に感謝します。
そして「交換したメッセージを、決して職場以外のメンバーに伝えない」というルールの例外を認め、本書において、ウィークリー・メッセージの紹介を快諾してくれた、職場の仲間に感謝します。
本書は、あの一〇年間の、私たちの職場の懐かしい歩みの記録でもあります。

そして、ソフィアバンクのパートナー、藤沢久美さんに、感謝します。
ブログやツイッターを自由に使いこなしている藤沢さんの姿を拝見していると、
このウィークリー・メッセージという方法が、
新たな時代に、新たなメディアで、新たな進化を遂げていくことを予感します。

また、いつものように温かく執筆を見守ってくれた家族、
須美子、誓野、友に感謝します。
その温かいまなざしが、いつも大きな支えになっています。

最後に、すでに他界した父母に、この書を捧げます。
かけがえのない人生の「永遠の一瞬」を、ともに過ごさせていただきました。

二〇一〇年一月
田坂広志

［主要著書］

仕事と人生を語る

『仕事の思想』（単行本／文庫本：PHP 研究所）
『なぜ、働くのか』（単行本／文庫本：PHP 研究所）
『仕事の報酬とは何か』（単行本／文庫本：PHP 研究所）
『人生の成功とは何か』（PHP 研究所）
『これから働き方はどう変わるのか』（ダイヤモンド社）
『なぜ、時間を生かせないのか』（PHP 研究所）
『未来を拓く君たちへ』（単行本：くもん出版／文庫本：PHP 研究所）
『知的プロフェッショナルへの戦略』（講談社）
『プロフェッショナル進化論』（PHP 研究所）

思想と哲学を語る

『深き思索　静かな気づき』（PHP 研究所）
『自分であり続けるために』（PHP 研究所）
『生命論パラダイムの時代』（ダイヤモンド社）
『複雑系の知』（講談社）
『ガイアの思想』（生産性出版）
『未来を予見する「五つの法則」』（光文社）
『使える弁証法』（東洋経済新報社）
『こころの生態系』（講談社）
『こころのマネジメント』（東洋経済新報社）

社会と市場を語る

『目に見えない資本主義』（東洋経済新報社）
『これから何が起こるのか』（PHP 研究所）
『これから知識社会で何が起こるのか』（東洋経済新報社）
『これから日本市場で何が起こるのか』（東洋経済新報社）
『これから市場戦略はどう変わるのか』（ダイヤモンド社）
『まず、戦略思考を変えよ』（ダイヤモンド社）

企業と経営を語る

『複雑系の経営』（東洋経済新報社）
『暗黙知の経営』（徳間書店）
『なぜ、我々はマネジメントの道を歩むのか』（PHP 研究所）
『なぜマネジメントが壁に突き当たるのか』（東洋経済新報社）
『経営者が語るべき「言霊」とは何か』（東洋経済新報社）
『意思決定　12 の心得』（単行本：生産性出版／文庫本：PHP 研究所）
『企画力』『営業力』（ダイヤモンド社）
『なぜ日本企業では情報共有が進まないのか』（東洋経済新報社）

［著者略歴］

田坂広志（たさか　ひろし）

1951年生まれ。1974年、東京大学工学部卒業。
1981年、東京大学大学院修了。工学博士。同年民間企業入社。
1987年、米国のシンクタンク、バテル記念研究所客員研究員。
同時に、米国のパシフィック・ノースウェスト国立研究所客員研究員も務める。
1990年、日本総合研究所の設立に参画。民間主導による新産業創造をめざす
「産業インキュベーション」のビジョンと戦略を掲げ、
10年間に異業種企業702社とともに20のコンソーシアムを設立・運営。
異業種連合の手法により数々のベンチャー企業と新事業を育成する。
取締役・創発戦略センター所長等を歴任。現在、日本総合研究所フェロー。
1999年、ボストンに本拠を置く、ニューイングランド複雑系研究所
（New England Complex Systems Institute : NECSI）のファカルティに就任。
2000年4月、多摩大学大学院教授に就任。社会起業家論や社会的企業論を開講。
2000年6月、社会起業家の育成と支援を通じて社会システムのパラダイム転換をめざす、
グローバル・ネットワーク・シンクタンク、ソフィアバンクを設立。代表に就任。
2003年、ソフィアバンクの下に、社会起業家フォーラムを設立。代表に就任。
現在、全国から数多くの社会起業家が集まり、諸分野での社会変革に取り組んでいる。
2005年、米国のJapan Societyより、"US-Japan Innovators"に選ばれる。
2008年、ダボス会議を主催する世界経済フォーラム（The World Economic Forum）の
The Global Agenda Councilのメンバーに選ばれる。
一方、国内においては、政府の産業構造審議会を始め、各種委員会の
メンバーやアドバイザーを務め、また、様々な企業の社外取締役や顧問を務めている。
また、1993年より執筆活動を始め、現在、50冊を超える著書を上梓しているが、
その多くは、韓国、中国、台湾など、アジア各国でも翻訳出版され、
若者たちへの人生論、『未来を拓く君たちへ』は、英語とスペイン語で翻訳され、
弁証法的思考による未来ビジョン、『未来を予見する『五つの法則』』や
資本主義の未来を語った『目に見えない資本主義』は、英語で翻訳出版され、
世界の多くの人々に読まれている。
現在、こうした著作の執筆と同時に、世界各国での講演活動を行っている。

著者へのご意見やご感想は、下記の個人アドレスにお送りください。
メールアドレス　tasaka@hiroshitasaka.jp

著者のメッセージ・メール「風の便り」の送付を希望される方は、
下記のアドレスから、「未来からの風フォーラム」にご参加ください。
サイトアドレス　http://www.hiroshitasaka.jp

著者の講演や講義をお聴きになりたい方は、下記のアドレスから、
「ソフィアバンク・ラジオ・ステーション」をお聴きください。
サイトアドレス　http://www.sophiabank.co.jp

著者のツイッターは、@hiroshitasakaです。

● 英治出版からのお知らせ

本書は、1999年に東洋経済新報社から発行された『こころのマネジメント』を改題し、加筆・修正したものです。

本書に関するご意見・ご感想を E-mail（editor@eijipress.co.jp）で受け付けています。たくさんのメールをお待ちしています。

ひとりのメールが職場を変える
こころのマネジメント

発行日	2010年 2月10日　第1版　第1刷
著者	田坂広志（たさか・ひろし）
発行人	原田英治
発行	英治出版株式会社
	〒150-0022 東京都渋谷区恵比寿南 1-9-12 ピトレスクビル 4F
	電話　03-5773-0193　　FAX　03-5773-0194
	http://www.eijipress.co.jp/
プロデューサー	高野達成
スタッフ	原田涼子　鬼頭穣　大西美穂　岩田大志　藤竹賢一郎
	デビッド・スターン　山下智也　杉崎真名
	百瀬沙穂　渡邉美紀　仁科絵利子　垣内麻由美
印刷・製本	大日本印刷株式会社
装丁	英治出版デザイン室

ISBN978-4-86276-075-3　C0034　Printed in Japan